Sanando las
HERIDAS
Encontrar la senda de Dios hacia el éxito
Linda Newton

Sanando las heridas que nos inhiben
Encontrar la senda de Dios hacia el éxito

por Linda Newton

ISBN: 978-1-64142-379-3

Producido por:
Editorial RENUEVO, LLC.
www.EditorialRenuevo.com
info@EditorialRenuevo.com

Contenido

Capítulo 1

Las desventuras: Donnetta Jean Jones

1

No creo que aquel esqueletito pesara ni 50 kilos el día en que se fue pasando a mi consultorio, apenada por tropezar con cada mueble a su paso. Llevaba a un lindo bebé como de un año en una cadera, y de la otra le pendía una pañalera. Con primor, extendió sobre el piso una manta y juguetes para que se entretuviera el niño, y luego se arrinconó en el sofá para hacer espacio. Se recogió el largo cabello rubio detrás de la oreja, y con apenas un hilito de voz comenzó a exponer su relato.

—No sé ni por dónde empezar —confesó, en lo que se mordía nerviosa la comisura de los labios.

Al percibir su aprensión y con el fin de hacerla entrar en confianza, le brindé una cálida sonrisa.

Luego centré mi vista en ella, pero sin excesiva fijeza, y le dije: —¿Qué te parece si hablas y yo voy entendiendo? —Luego pasé a una página limpia de mi libreta y tomé un bolígrafo de la mesa, para así transmitirle la importancia que le concedía a sus palabras.

Sonriendo aliviada, comenzó: —El fin de semana pasado asistí al retiro de damas en el que usted habló, y al que mi madre me pidió tanto que fuera. Al escucharla, pensé: esta señora ha leído mis cartas y mensajes. Creo que puede ayudarme y, vaya que lo necesito. Mi vida es un desastre —confesó estremeciéndose. Seguía titubeante, sin dejar de morderse el labio. Asentí con la cabeza en señal de «Sí, te escucho», y seguí atenta para que no parara.

—Hace dos meses que dejé al papá de Charlie —expresó, en lo que estiraba el brazo para acariciar los hermosos rizos de su hijito, sonriéndole y hablándole. El niño, que sonreía de oreja a oreja, parecía proponerse tragarse entero el osito de peluche.

—Él me engañó —dijo de golpe, apartando la vista del niño, que balbuceaba. La mirada de sus ojos verdosos se posó fría y ausente en un cuadro en la pared, a mis espaldas. —No era la primera vez; solo que ahora no pudo convencerme de que siguiera con él al atraparlo en otra mentira —prosiguió.

—¿Cuánto duró la relación de ustedes? —le pregunté, sondeándola en busca de ver si dejaba traslucir alguna emoción por todo el dolor que describía.

—Eric y yo nos casamos seis meses después de conocernos, al enterarme de que estaba embarazada. Fue el primer hombre que me dijo que me amaba, y le creí. Su pareja anterior debió también creerle cuando la embarazó —dijo en tono suave, aunque cargado de sarcasmo—. No sé si ella le transmitió la enfermedad venérea, y él que no es nada egoísta, la compartió conmigo: ¡me siento tan imbécil!

—¿Qué ha sido de Eric? —pregunté, en tono suave parecido al de ella, para ayudarle a que se expresara.

—No tengo idea. Cuando lo dejé quería alejarme lo más posible de él. Como no tenía adónde ir, me mudé a casa de mis padres, lo que se volvió otra pesadilla —farfulló, jadeando. Era obvio que necesitaba soltar un poco de la tensión que llevaba dentro.

—Mi papá no me presta atención. Cuando regresa del trabajo, entra ladrando órdenes cual jerarca nazi. Luego se arrellana frente al televisor y le grita a quien se atreve a importunarlo, aunque sea Charlie. Es más amable con el control remoto que con nosotros. Y no se sienta a cenar hasta que todo esté servido y listo, es decir, a su gusto, y ni siquiera mueve un dedo para ayudar en los quehaceres domésticos. «Eso es cosa de mujeres», dice siempre, incluso de sacar la basura: «A los hombres les toca hacer trabajo de oficina, no ayudar en la cocina». Me cuesta trabajo creer que él tenga el valor de decir algo semejante, y al mismo tiempo, que mi mamá se lo aguante.

Como a todo petulante santurrón, le gusta citar la Biblia en lo que mangonea a mamá en los quehaceres ¡como si fuera su esclava! Y luego se pregunta por qué no lo acompaño al culto, si ha logrado que deteste a la iglesia con todo y hermanitos. —Aun después de suspirar con gran alivio, era claro que le faltaba eliminar más tensión.

—¿Solo tú y el niño viven con tus padres? —Quería saber más sobre su círculo familiar, la edad de cada hermano y todas las piezas que pudiera ir juntando sobre el sufrimiento que le había tocado vivir.

—Mis cuatro hermanos hombres dejaron ya el nido. Yo soy la menor. Mi papá siempre se aseguró de que yo supiera que los chicos prevalecen sobre las chicas y hasta podía respaldarlo con versículos. Papá era engreído, difícil y exigente, y estaba segura que así también era Dios.

Las heridas que nos inhiben

—Mi hermano mayor, Andy, vive a escasas dos

cuadras de mis padres. A mi madre le toca cuidar todo el tiempo a sus tres hijos, quienes pasan el día de travesura en travesura. Son muy bruscos con Charlie, pero eso sí; cada vez que le digo algo a mamá, me dice lo mal que la están pasando Andy y Cynthia, y que debo tenerles compasión, lo que casi me hace decir a gritos: «¿Y de mí quién se compadece?». —Toda la emoción reprimida afloró de repente al observar su rostro enrojecido y al borde del llanto. Aplacó su ímpetu y le costaba articular palabra. En eso, me fui acercando para no perderme nada.

—No puedo ni mirar a mi hermano, Andy —dijo mientras le rodaban copiosas lágrimas—: él abusó de mí. —Donnetta giró la vista hacia mí para ver si la juzgaba. Sostuve su mirada, asintiendo con la cabeza como alentándola, y ella siguió contándome.

—Eso empezó cuando yo tenía nueve años y él trece, y no paró sino hasta que cumplió los quince y tuvo novia. —Para entonces ella no paraba de llorar ni yo de darle pañuelos y de asentir en señal de apoyo mientras ella contaba su historia. Al ver su angustia y llanto, resistí el impulso de abrazarla y consolarla, pues sabía por experiencia que eso podría acallar los sentimientos que por fin empezaban a fluir. He visto a personas que con miedo de que sus lágrimas incomoden, por complacer reprimen su llanto, por mucho que necesiten soltar el dolor.

—Mis padres nunca lo supieron. ¿Cómo pudieron ser tan ciegos? ¿Cómo nunca sospecharon? Hoy me doy cuenta de que papá estaba absorto en lo suyo y mamá empeñada en ¡no disgustar al Macho Divino! Culpo tanto a Andy como a mi papá. —La ira comenzaba a filtrarse en su voz—. A él le gustaba destacar la mayor importancia de los chicos. Dios hizo a la mujer para satisfacer las necesidades del hombre, decía. Luego nos llamaba a la sala, nos sentaba y nos sermoneaba sobre el papel secundario del sexo débil y del castigo que Dios imparte a las mujeres que hablan cuando se supone que deben callar. Con razón Andy estaba tan desquiciado. Ni siquiera me molesté en contarle a mis padres lo que él me había hecho. Sabía que mi madre no haría nada, y temía que mi padre me hiciera sentir culpable, y en el fondo ya temía serlo. —Me partía el corazón ver a esta linda chica sentada frente a mí sintiéndose utilizada y consumida a sus maduros 22 años. Donnetta exhaló como si acabara de soltar un pesado lastre que llevaba arrastrando hace tanto tiempo. Asomó entonces otro torrente de lágrimas, por lo que tuve que pasarle más pañuelos cuando reanudó su relato.

—Intento orar, pero siento como que mis plegarias no pasan del techo, y ya perdí la cuenta de las veces en que le he pedido a Dios que me saque de este manicomio. —Se sonó la nariz y siguió la cantaleta—. No siempre fue así, pues me la pasaba orando cuando estudiaba en la preparatoria. Un día, camino a casa, encontré a mi gata tirada a media calle. A Misty, mi única amiga en el mundo, la habían atropellado. Entré corriendo a casa llorando y llamando a voces a mi papá. En lo que lo llamaba, me puse a pensar: Donnetta, ¿por qué gastas saliva si él nunca ha estado cuando lo necesitas? Pero estaba desesperada. Mi papá, sentado a la mesa del comedor, me miró con mala cara. ¿Sabe lo que dijo? —Donnetta no preguntaba sino que contaba, y yo era toda oídos.

—Me dijo: «Dios te ha castigado por faltar a la iglesia y haberte ido con la banda. Tenía que ver cómo te escarmentaba». Papá ni siquiera salió a ayudarme a recoger el cuerpecito deshecho. Ese día pensé que nunca pararía de llorar. Estaba disgustada con papá por lo que dijo, pero también frustrada con Dios, por ser tan difícil de complacer. —Luego, con actitud de derrota, añadió—: «¿Por qué parece que Dios siempre que le pides pastel de chocolate, te da de calabacita, porque ese te hace bien?».

Emprender el camino de la sanidad

«¡Pero qué honestidad!» pensé. «Es necesario validar este tipo de vulnerabilidad». En un tono tranquilo y mesurado le respondí: —Ay, mi niña, en años de terapeuta, nadie me había sido tan honesta. Gracias por confiarme tus sentimientos. Con ese tipo de cruda honestidad, sé por dónde empezar: ¡por quitar del rostro de Dios la cara del papá!

Su expresión era mezcla de alivio y curiosidad. Sopesando con cuidado su respuesta, opté por insistir: —Me parece que te has equivocado de persona. Tu enojo es con el Dios que tu padre representaba para ti con sus palabras y acciones, pero esa no es la imagen de Dios. Te voy a mostrar cómo es Él en verdad y lo loco que está por ti. Sí, tú, chica, la mujer que ves en el espejo. Una sonrisa de hastío pero también de alivio se dibujó en el rostro de Donnetta y proseguí: y no me cabe duda de que te enseñará cómo volver a confiar en Él, porque va a sanar tu dolor y a restituirte a tu plenitud, si es que se lo permites.

No solo Donnetta Jean enfrenta esa dificultad. Muchos cristianos atraviesan momentos difíciles y les cuesta hacer acopio de fe para seguir creyendo. Algunos se apartan de Dios y otros le temen a Su ira al punto de abandonar la religión del todo, ¡así que se alejan de Dios y le piden que no les dirija la palabra! Se siguen congregando, pero ya no lo buscan porque no creen que Dios vele por ellos. Se enfrentan al grave dilema de necesitar con desesperación al Dios en quien ya no confían.

¿Ya te ha pasado? Que cuando la vida deposita un cargamento de confusión y dolor en tu puerta, te pones a preguntar: «¿Mi Dios, estás allí? ¿Es que no te importo? ¿Cómo dejaste que esto pasara?». Mientras tanto Jesús se muere porque sepas que... bueno, que en realidad murió para que supieras lo infinitamente valioso que eres para Él. Veamos lo que el apóstol Pablo nos dice en Romanos 5.8 en la Biblia Traducción al lenguaje actual: ***«Pero Dios nos demostró su gran amor al enviar a Jesucristo a morir por nosotros, a pesar de que nosotros todavía éramos pecadores»***. Después, en el versículo 10 leemos: ***«Si cuando todavía éramos sus enemigos, Dios hizo las paces con nosotros por medio de la muerte de su Hijo, con mayor razón nos salvará ahora que su Hijo vive, y que nosotros estamos en paz con Dios»***. Creo que la frase clave aquí es «Dios hizo las paces con nosotros», pero cuando llegan momentos difíciles es fácil sentir condenación, juicio e ira. Confieso que, como Donnetta Jean, en los primeros años de mi caminar cristiano, pensaba que Dios era «un temible villano cósmico» siempre con el dedo en el botón «del rayo letal», listo para desintegrarme, con tan solo dar yo un mal paso, ¡alegrándole con ello, no el día sino la eternidad! Pero acaso, ¿no es un día como una eternidad para Dios? Los pasos que sirvieron para reformular mi noción de cómo Dios en verdad me mira son a los que recurrí para ayudarle a Donnetta Jean, y espero que a ti también te sirvan de ayuda.

Si queremos dejar de sumirnos en el pozo de la duda, odiándonos y temiendo lo que vendrá, tenemos que ajustar nuestra perspectiva. Creo sinceramente que antes de que cambiara mi paradigma, Dios podría haber puesto una zarza ardiente frente a mi puerta para convencerme de Su amor, y yo habría extinguido el fuego, ¡acompañado de un reclamo por el percance! Me llevó mucho tiempo inducirme a ver el vaso medio lleno y no medio vacío. Pero sin ese cambio fundamental, no importa cuánto interviniera Dios en mi vida para ocasionar el bien, yo no lo vería así.

Cada mañana, cuando se nos presenta el vaso de la vida, podemos elegir verlo medio lleno o medio vacío. Y esa decisión diaria lo cambia todo. Hemos visto salir airosas a personas ante las situaciones más adversas, e irse a pique a otras tantas que lo tenían todo a su favor. Tenemos la misma oportunidad de elegir el bien que el mal. Pero eso que elegimos determina nuestra felicidad, éxito, productividad y realización en la vida.

Identificar lo que está bien

Lo primero que le pedí a Donnetta Jean es que recordara lo bueno que le ocurrió en la vida y que redactara una lista de bendiciones, en la que tendría que incluir 10 cosas buenas sobre ella, en lo personal, sobre su situación y la de sus allegados. Para personas como ella, que se han enfrascado mucho en lo negativo, puede resultar arduo encontrar lo positivo. Pero es ineludiblemente necesario. Salir con la cantaleta de «¿qué anda mal en el mundo hoy?» es un mal hábito que hay que romper. Requiere esfuerzo e intencionalidad y hasta podría tocarte «¡pasar por experto hasta que sea cierto!». Requiere adoptar una actitud de gratitud a diario y buscar siempre cosas que estén bien, sin importar su escaso número ni lo difícil que sea encontrarlas. Donnetta se quejó de su tarea, pero estaba dispuesta por sentirse desesperada por darle un cambio a su vida.

Comprendí su desesperación. Cuando se ha sufrido mucho al ir creciendo, solo con mucha concentración se puede creer que las cosas saldrán bien. He descubierto que una excelente herramienta para conseguir que las personas se sientan lo bastante seguras como para cooperar en su curación es hacerles saber que no están solas en su dolor. Mi antiguo pastor dijo: «A las personas no les importa cuánto sabes hasta que saben cuánto te importan». Donnetta Jean sabía que me importaba porque yo había pasado por lo mismo. Ella había escuchado mi historia, la cual me gustaría compartir con ustedes. Pero primero, prueba estos pasos hacia el éxito. ¿Qué tienes que perder, excepto un mal hábito?

Pasos hacia el éxito: Escribe una exhaustiva Lista de bendiciones. Detalla todo lo que te sea de bendición en este momento. Todo lo que esté bien en cuanto a ti, tu entorno y tus allegados. Sin importar lo que te cueste indagar, busca lo bueno y apúntalo. Desde «dejarse crecer las uñas» y «vivir por gracia de Dios en un país libre» ¡a lo que se te ocurra!

Capítulo 2

La perspectiva: Ahí les va, m'hijos

2

Cuando mi tía favorita contaba una historia, se tratara de quién hace mejor la sopa de pollo o hasta adónde arrastró el huracán la jaula del perro, siempre empezaba con: «Ahí les va, m'hijos», y luego narraba la historia. El relato de cómo se dañó mi confianza no provoca las risas que las historietas de la tía Muriel, pero bueno: «Ahí les va, m'hijos».

Me gustaría poder decir que al criarnos en lo remoto del campo, pasábamos felices diciendo: «Sí, ma», «No, pa» y «Ajúa», pero para nada es así. De hecho, no fue sino hasta que cumplí 10 años que supe que para alguien que creía en Dios, era algo malo decir palabrotas.

Mi papá se fue cuando tenía cinco años, dejándonos a mi hermano de siete, a mi hermana gemela y a mí, y a mi mamá encinta de mi hermano menor. Criar a cuatro hijos sola le sacó lo peor a mi madre quien no tenía problema en descargar su furia y resentimiento contra nosotros, sus hijos. Su tipo de castigo a menudo incluía partirnos el labio o dejarnos el ojo morado: el tipo de dolor que marca el rostro unos días, pero el alma de por vida.

Nuestra existencia en ese maltrecho monumento al abandono urbano de 75 metros cuadrados, al que llamábamos casa, era un martirio. Saltaba a la vista por qué se fue papá. Y yo también quería irme pero solo tenía cinco años. Además, ¿adónde iría? En esas cálidas y pegajosas noches de verano del Sur, subía a los árboles de la seda en el jardín de enfrente para ver las luciérnagas y escuchar el tren pasar, al que le susurraba que me llevara... lejos de aquí.

Mamá trabajaba de mesera en el turno de noche en un restaurante local y pasaba el resto del tiempo tratando de huir de su triste destino, durmiendo. Andábamos de puntillas por la casa para evitar desatar su ira si (Dios no lo quiera) la despertábamos. Con nuestra madre, ya sea trabajando o durmiendo, ni siquiera se nos podía calificar de medio rústicos, sino de rustiquísimos. Éramos los niños a los que las recatadas damas sureñas con sus copetes y collares de perlas, al beber té dulce, llamaban con desdén, ***Salvajitos*** *sin escuela*. Y tenían razón. Pasábamos mucho tiempo corriendo como locos en el jardín.

Mi madre básicamente nos crio a gritos y humillaciones, y casi siempre las dos a la vez, diría yo. Cuando estaba despierta, de pie con las manos en la cintura, con sus 115 kilos y 1,60 metros de estatura, tras el marco de la puerta gritaba: «Me están volviendo loca, niños; ya van a ver la que les toca». Nos costaba mucho descifrar qué la hacía airarse y estallar de un momento a otro. Era exasperante. Uno podía gritarle groserías a uno de los vecinos por la tarde y no recibir castigo, pero esa noche el mero hecho de derramar la leche en la mesa provocaba una paliza con el cinturón hasta que nos sacaba sangre.

Ya saben lo que dice el dicho: «No hay que llorar sobre la leche derramada», pero a mí me pasó muchas veces. De hecho, la vida parecía tan mísera que me acostaba llorando por cualquier cosa, casi a diario: si no era yo, era mi hermana gemela. En la oscuridad me acercaba, le daba una palmadita y le susurraba: «Todo va a estar bien», pero ni yo me lo creía porque nada cambiaba. Lo malo e inevitable siempre ocurría: me sentía sola, perdida e indigna de ser amada.

Una vez mientras jugaba con una vecinita, Susan Kelly, ella me pidió agua y se la di. Al día siguiente, la madre de Susan llamó, pues la llevábamos a la escuela, para decir que Susan se había levantado con paperas. Mi madre montó en cólera y me golpeó hasta partirme el labio y cerrarme el ojo derecho. Aturdida y con la boca sangrando, la oí gritarme: «¡Mira lo que hiciste, niña imbécil! Se van a enfermar de paperas todos ustedes y van a perder semanas de clase». Irónicamente, no faltamos a clase por las paperas; solo yo, esperando a que se me quitaran los moretones. Nunca supe qué hice para que mi madre se enfadara tanto conmigo, pero tenía que ser algo malo. Sabía que yo debía ser la mala, y me creía todo lo que me decía, ya que después de todo, era mi madre.

El ángel de los pastelillos de chocolate

Ser una familia sin padre en los años sesenta nos hacía distintos. La mayoría de las personas parecía recelar de esos niños provenientes de un «hogar deshecho». Así que imaginen nuestra sorpresa cuando Maude Gober (¿qué tal ese nombrecito sureño?), una vecina de enfrente, incursionó en la tierra de nadie de nuestro jardín y nos invitó a ir a la iglesia. Nos trajo pastelillos y ¡de chocolate! Me apunto, pensé. Pero conociendo a mi madre, a quien no le gustaba la religión, no creí que aprobara la idea. No podía creérmelo cuando ella le dijo a la vecina que nos tendría listos para el domingo siguiente. Supongo que mamá pensó que podría vengarse de aquellos aleluyas hipócritas como le gustaba llamarlos, enviando a sus malcriados hijos a la iglesia. Cosa curiosa, la gente de esa iglesia no se sentía así. No nos veían como basura sino como un tesoro: algo que parecía surrealista.

La señora Gray, mi maestra de escuela dominical, se interesó en mí desde el primer día. Averiguó dónde vivía y se encargó de garantizar que alguien me llevara cuando la señora Gober no podía. Así que cada semana se aparecía y nos enseñaba a nosotros los niños una lección bíblica, la cual era obvio que había preparado con esmero. Nunca pude averiguar qué ganaba con ello, pero me decía a mí misma que venía por los pastelillos. La verdad es que venía porque este era el único lugar en el mundo en el que se interesaban por mí.

A la paz, limpieza y reverencia que inspiraba el santuario, nada en mi mundo se le comparaba. Puedo aún recordarme sentada en la dura banca de madera de esa iglesita rural, escuchando al predicador de voz grave, que golpeaba el púlpito al predicar, hablando de «salvarse». A mis 9 ó 10 añitos, ¡pensaba que al bautizarse ahogaban a la gente! Bastó asistir unos cuantos domingos para darme cuenta de que era yo quien se ahogaba: en un mar de dolor, de soledad y de típica separación de Dios.

Todos los domingos, el predicador preguntaba sin falta quién quería pasar al frente para aceptar a Cristo mientras yo me agarraba a la banca de enfrente con todas mis fuerzas y derramaba copiosas lágrimas porque quería pasar y entregar mi corazón a Cristo, pero no podía. Nada indignaría más a mi madre que «me volviera religiosa». Y ya sabes lo que dicen: «Si mamá no es feliz, nadie es feliz». En nuestra casa, ese no era un dicho humorístico, sino un mandato. No estaba segura de lo que haría mi hermano si me volvía una «aleluya». No sabía cómo reaccionaría mi hermana gemela, y la necesitaba. Así que, semana tras semana, asistía a la iglesia y sentía que Dios tocaba mi fibra. Quería pedirle a Jesús que fuera mi salvador personal y que perdonara mis pecados. Quería ser salva, pero necesitaba más la aprobación de mi familia.

Durante toda la semana, pensaba en las palabras del pastor. Dijo que Cristo me quería, que traería paz y gozo a mi vida. «¿Cómo puede ser?» Pensaba yo, si mi madre ni siquiera me quiere. Al menos así se sentía. Solía orar para que no me sucediera nada malo hasta que pudiera hallar una solución. Fantaseaba con que, si de repente me quedara atrapada en la vía del tren, oraría rápidamente: «¡Dios mío sálvame!», y Él lo haría. O que si me cayera desde un piso alto, el lanzar una plegaria de ¡Jesús, sálvame! bastaría. Sí que era ingenua: ¡solo tenía 10 años!

El paso del tiempo hizo que le dijera que no a Dios tantas veces que ya no sentía Su toque. La Sra. Gray nos decía que Jesús era un caballero, y que no iba a forzar Su entrada en nuestra vida. Había que pedírselo, y nunca tuve el valor de hacerlo. En cambio, pasé a la secundaria y rápidamente me volví «demasiado cool para estudiar», no digamos para congregarme. Así que dejé de asistir. Le di la espalda a Dios, pero no Él a mí.

El pastorcito del escarabajo color naranja

No mucho después de que dejé de congregarme, la iglesita contrató a un pastor de jóvenes y aunque pudo haber vivido en cualquier lugar, ¿dónde creen que lo puso el Señor? En mi misma calle. Nunca olvidaré el día en que Richard Smith tocó a la puerta para invitarnos junto con mi hermana a volver a la iglesia. ¡En los dientes de su amplia sonrisa se podía tocar el piano! «¿Cómo puede alguien ser tan feliz en este mundo cruel?» me pregunté, pensando en cómo quitármelo de encima. No quería volver a la iglesia y seguir llorando. Eso había quedado atrás. Pero Richard seguía apareciéndose. Dijo que nos recogería en el autobús de la iglesia y nos traería de vuelta apenas terminara el culto. Debo reconocer y admirar su persistencia pues yo hacía tiempo que me habría dado por vencida.

¡Pero no Richard! Para llegar a la autopista, no le quedaba otra que pasar frente a nuestra casa en un Vocho color naranja. Siempre tocaba la bocinita chillona cuando pasaba: «¡Ay, volvió a venir!», le decía a mi hermana, Beverly. Éramos groseras con el hombre, pero él seguía viniendo, siempre sonriente, para invitarnos a asistir. «Vamos a tener que ir tan solo para librarnos del tipo», le dije a Beverly.

Para nuestra suerte, Richard, siempre tenaz y con mayor ingenio, se presentó un sábado por la tarde en nuestra puerta con un guapetón del grupo de jóvenes: ¡Eso superaba a los pastelillos de la señora Gober! Como que me dieron ganas de ir a la iglesia. Mi vida ya era un desastre: ¿qué más podía perder?

Al otro domingo, Bev y yo abordamos el autobús de la iglesia para ir al culto. En el momento en que me senté en aquella aula de escuela dominical y escuché lo que hablaban los jóvenes de preparatoria, me pregunté quién les había dado la contraseña de mi compu.

La diferencia entre ellos y yo era que ellos tenían respuestas, y yo solo preguntas. Dennis Jr., un guapo estudiante de secundaria, se levantó y contó de la vez en que oró para tener fuerzas para decirles que no a los chicos que le ofrecían drogas en el pasillo. Luego, una de las hermanas Ledbetter, una chica rellenita, habló de la soledad que sentía y de cómo Jesús se hizo su amigo y alivió su dolor. Salí del aula diciendo: «¡Quisiera ser como ellos!». Pero no lo decía en voz alta... todavía.

Cuando volví a entrar en el santuario ese día, este no suscitaba extrañeza, sino seguridad. Me senté en la banca de madera recién pulida, frotando la madera con la mano al tomar asiento. Saboreé el leve olor a humedad que recordaba por haber estado allí antes, y eso me reconfortó. Cuando la música empezó a envolverme, me di cuenta de lo que significaba ese santuario para mí y que lo echaba de menos.

Un momento del destino

Fue el domingo del conflicto árabe-israelí de la Guerra de los Seis Días y el mismo predicador emotivo de voz grave, el pastor Dennis Miller, impartía la Palabra. El reverendo Miller, como lo conocíamos, era un hombre grande con una sonrisa a flor de piel que constantemente transmitía su amor al pueblo. Eso no le impedía a su tierno corazón decir la verdad para que todos pudiéramos hacer «tratos» con Dios (o negocios, dirían en otros lares). Se emocionaba tanto que en menos de lo que canta un gallo, ¡ya estaba dando de gritos! Ese día, olvidé sentarme estratégicamente a tres bancas de distancia porque el pastor escupía cuando se emocionaba. Pero esta vez no me importó ya que necesitaba oír lo que él decía.

«Si vemos el paisaje político, son tiempos de pánico», dijo con firme convicción «Jesús podría regresar en cualquier momento y la pregunta eterna que te tengo en este servicio hoy es: ¿Estás listo para el sonar de la trompeta?». Él se detenía de cuando en cuando para limpiarse la frente con un pañuelo. Luego exhaló profundamente y siguió dándole: «Estos son los tiempos del fin, y Jesús nos llama a todos a venir a él. ¿Cuál será tu respuesta a él hoy?». Sentí que me predicaba a mí. «Pasarás la eternidad en el lago de fuego donde hay lloro y crujir de dientes o en el cielo donde Jesús limpiará toda lágrima de tus ojos por la eternidad. Pero Dios te otorga libre albedrío para escoger. Sin Jesús no llegarás al cielo. En Juan 14.6, Jesús nos dice: ***«Yo soy el camino, la verdad y la vida».*** Él golpeaba el púlpito al repetir la última parte del versículo: ***«Les digo, nadie llega al Padre sino por mí».*** (NVI)

Bueno, no conocía el camino, y estaba desesperada por encontrar la verdad, y ciertamente necesitaba recibir vida. De modo de que cuando el animado pastor hizo la invitación, salí de mi asiento lo más rápido posible, me atravesé el pasillo de aquella iglesita rural, caí hincada ante el altar y ¡me sentí amada por primera vez en la vida! Todo lo que pude decir entre mis amargos sollozos fue: «Lo siento, Señor. Lo siento». Lloré lágrimas de dolor en aquel altar, gemí por la pérdida de amor en mi familia. Lloré lágrimas de arrepentimiento por no haberle dicho sí a Jesús antes, pero también lágrimas de gozo por la asombrosa aceptación que sentí en Sus brazos. De repente la realidad me despertó. «¿Dónde está Bev?», me pregunté. Luego la vi, a unos pasos, haciendo la oración de salvación ante el altar también. Ese día, más que hermanas, nos volvimos compañeras de armas, sin tener idea en el momento de las batallas que enfrentaríamos.

Mis ojos se llenan de lágrimas aun hoy cuando reflexiono en la sublime gracia que Dios me dio hace tiempo. Aun siento enorme gratitud por el don de la salvación de Dios, pero mi fe para confiar en Él en el día a día era frágil. No tenía un buen historial de gente confiable en mi vida, así que no me era natural confiar en que Dios viniera en mi ayuda. Luego descubrí un versículo oculto en el Antiguo Testamento. Había estado leyendo mis devocionales del Nuevo Testamento, y sentía que todas las palabras escritas anteriormente eran para monjes y eruditos. Pero creía que este versículo en Jeremías 29.11 fue escrito para gente como yo: ***«Porque yo sé los pensamientos que tengo acerca de vosotros, declara el Señor, pensamientos de paz, y no de desgracia, para daros un porvenir y una esperanza».*** (RVR1977) Mi perspectiva de la vida estaba llena de calamidad, pero la de Dios incluía el bienestar, así que adopté la de Él.

Una perspectiva diferente

Esa decisión consolidó mi primer paso para curar mi confianza rota. Fue elegir ver la vida desde la perspectiva de Dios. La importancia de la perspectiva se me hizo evidente en una entrevista que vi de dos veteranos de la Segunda Guerra Mundial. El narrador hablaba con dos señores mayores que participaron en la invasión. El primer hombre formaba parte del ejército, de las tropas de infantería que desembarcaron a la playa desde destructores. «El enemigo nos estaba esperando», relató. «Alguien debió avisarles. Los botes Henderson depositaron cientos de soldados en la playa y en cuanto llegaron a la orilla los acribilló el enemigo». Todos estos años después, su rostro aún transmitía lo que sintió al enfrentarse al ejército alemán ese día. Vi a mi alrededor toda la matanza y me dije: «Vamos a perder».

Un segundo soldado que fue entrevistado formaba parte del Cuerpo Aéreo del Ejército, el predecesor de nuestra actual Fuerza Aérea. Mientras volaba, pudo ver los demás aviones que lo rodeaban. Luego miró hacia abajo y vio al USS Thomas Jefferson y a otros barcos que enviaban cientos de botes Henderson que depositaban en la playa a millares de soldados, y se dijo a sí mismo: «¡Vamos a ganar!». La diferencia entre los dos hombres estriba en su perspectiva. La forma en que vemos las cosas marca la diferencia. Muchas veces somos como el primer soldado, sin poder contar con el beneficio de ver el cuadro completo. Es entonces cuando nos anclamos a Dios y confiamos que en Él todas las cosas nos ayudan a bien.

Gratitud, la gran diferencia

Si nos encontramos, como Donnetta en el último

capítulo, necesitando un cambio de paradigma hacia una perspectiva positiva, tenemos que ser muy resueltos en cuanto a cómo escoger ver las cosas a diario. Si creemos lo que Dios nos dice en Jeremías, entonces podemos buscar bienestar aun si tenemos en frente a la calamidad. Por eso es que funciona elaborar una Lista de bendiciones. No basta con solo pensar qué es lo que funciona en nuestra vida. Debemos apartar el tiempo para apuntar las cosas. Escribir una lista real programa lo positivo en nuestro disco duro y lo vuelve parte de nuestro diálogo interno. Lo que es más importante, nos da algo a lo cual referirnos. Necesitamos repasar nuestra lista al menos quince minutos cada día, reconocer lo bendecidos que estamos y darnos cuenta de lo peor que podríamos estar. Un viejo proverbio reza: «Me quejaba de no tener zapatos hasta que vi a alguien que no tenía pies». Sin importar nuestras circunstancias, ¡las cosas podrían estar mucho peor!

Por eso Pablo nos dice en Filipenses 4.4: ***«Alégrense siempre en el Señor».*** Luego él declara algo que vale la pena repetir: ***«Insisto: ¡alégrense!».*** (NVI) El apóstol también instruye a los tesalonicenses (y a nosotros): ***«Estén siempre alegres, oren sin cesar, den gracias a Dios en toda situación, porque esta es su voluntad para ustedes en Cristo Jesús».*** (1 Tesalonicenses 5.16–18 NVI) Este versículo no nos dice que estemos siempre alegres por todas las cosas, sino más bien que nos regocijemos en todas las cosas. Yo no podría decir: «Gracias Dios por mi cruel y abusiva madre». Sino que aprendí a decir: «Gracias, Dios, por ser el único consuelo en mi infeliz hogar». Al continuar alabándolo a pesar de mis circunstancias, reconocí que podía agradecerle a Dios por una iglesia que se volvió un refugio para mi traumatizada alma. También tenía dulces amigas cristianas en la escuela que me bendecían con su amistad. También contaba con mi pastor de jóvenes para que me explicara todas las preguntas que tuviera sobre Dios, aunque fueran numerosas o ingenuas. Me di cuenta de que en muchas cosas me iba bien en la vida.

Donnetta realmente quería dejar atrás su desagradable pensar de negatividad y duda, así que se sentó con una taza de té y una hora disponible (lo que no era fácil con un bebé de 10 meses) y compiló sus bendiciones. Ahora te toca a ti. Hazlo por ti.

No te guardes nada. Enumera todo lo que hay de positivo en ti, desde tu espesa cabellera hasta tu sentido común. Luego, anota lo que está bien sobre tu familia, tus amigos, tu casa, tu pareja, tu gato y tu carro. No te guardes nada sobre lo que tengas que agradecer. Todo lo que has recibido te sorprenderá, incluso si en la actualidad atraviesas circunstancias bastante difíciles.

Pasos hacia el éxito: Dedica 15 minutos cada día para leer, reflexionar y agregarle bendiciones a tu lista. Llámales tus Quince fieles porque cuando reflexiones en lo que anda bien en tu vida, vas a reconocer que las cosas están mejores que lo que creías. Luego entenderás cuán fiel ha sido Dios contigo y que puedes volver a confiar en Él. Si no encuentras tiempo al apenas despertarte, entonces hazlo a la misma hora cada día y programa todo en consecuencia. Despeja tu cabeza y comienza a ver tu vaso medio lleno, no medio vacío, y observa cómo cambia tu perspectiva.

Capítulo 3

El poder:
La roca que recibió Charlie Brown

3

Donnetta Jean entró corriendo por la puerta de mi consultorio, hizo de lado mi sillón orejero y se sentó en el sofá a cuadros, pegado a la pared. Se apresuró a quitarle a Charlie una manta con la que lo había envuelto para abrigarlo del fresco aire otoñal. —¡Mira que traje más divino! —anunció entusiasta al mostrar a su hijo vestido con un traje de maquinista en miniatura, con todo y gorro, overol y un pañuelo de bebé. No sabía que ella fuera capaz de celebrar con tanta emoción.

—Mi prima Annabel, a quien no he visto en años, le llamó a mi mamá el pasado fin de semana pues venía a visitar a mi abuela, y preguntó por Charlie. Annabel tiene un niño de 18 meses y quería saber si me servía la ropa que el niño había dejado. ¿Pueden creerlo? —preguntó, con brillo en los ojos. —Claro que mi mamá dijo que sí. Mi prima llevó ocho bolsas grandes de ropa para que Charlie estrenara ¡hasta mediados del próximo año! Algunos de los trajecitos sí eran estrenos y anoté el regalo en mi Lista de bendiciones —agregó de pronto con una sonrisita, antes de que se lo sugiriera.

—¡El niño parece salido de un anuncio de la tienda del Niño Dios! —celebré—. No puedo creer que ni se ha intentado quitar el sombrero. Debe saber que se ve lindo.

—He estado tomándome mis Quince minutos fieles para elaborar mi Lista de bendiciones tal como hablamos —prosiguió Donnetta con el mismo tipo de entusiasmo—. Creo que me ayuda a sentirme bien conmigo misma en cuanto a casarme y divorciarme en 10 meses e incluso en haber sido madre tan joven. Lo bueno parece superar a lo malo, pero sin importar cuántas cosas parezcan ir cada vez mejor en mi vida, mi papá va de mal en peor. —Su buen ánimo decaía al hablar de su padre.

—No vas a creer lo que hizo este fin de semana. Mientras Annabel y yo charlábamos y ordenábamos la ropa del bebé, mi papá intervino y con un gran sarcasmo comentó: «Menos mal que a tu prima le agradas tanto que te trae sobras de su bebé. Sin marido ni trabajo tendrías que ganarte el sustento mendigando en plena calle llevando un rótulo». Luego soltó esa risa insolente y burlona con la que ridiculiza a alguien.

Al principio no reaccioné, anonadada de que no se midiera para hacer un comentario tan cruel. —Lágrimas de ira brotaron de sus brillantes ojos verdes—. Cuando asimilé la enormidad de sus palabras, quedé deshecha. De un solo golpe, mi papá me hizo sentir perdedora, arrimada y golfa. La mirada de mi prima me decía que también se sentía apenada por lo que me dijeron, pero también airada y dolida. También la había insultado al sugerir que ella había traído ropa de segunda. No quería que se sintiera más incómoda; así que me mordí la lengua hasta casi sangrar y contuve las lágrimas.

—Me alegré de que ya no se contuviera. Había trascendido del problema visible del enojo al problema subyacente del dolor. Ahora que habíamos llegado al meollo del asunto, Dios podía traer verdadera sanidad.

Lecciones de Charlie Brown

Por desdicha, muchas personas vagan por el mundo tal como Donnetta Jean, lastimadas por padres inútiles. Sé exactamente por lo que ella pasó y, lamentablemente, tal vez tú también. Cuando veo gente como nosotras, pienso en la historia que Jesús contó en Mateo 7. Él estaba intentando explicar a un grupo de personas sobre el ilimitado y universal favor de Dios para Sus hijos. Para hacerlo, escogió el ejemplo más obvio de amor incondicional a Su alcance: la relación padre-hijo. ***«¿Quién de ustedes, si su hijo le pide pan, le da una piedra? ¿O si le pide un pescado, le da una serpiente?».*** (Mateo 7.9–10 NVI) Si Jesús hablara el caló de mi hija adolescente, habría concluido el versículo anterior con un «Obviooo».

Muchos somos como el personaje Charlie Brown del especial de televisión ***Es la Gran Calabaza, Charlie Brown***. Cuando iban casa por casa pidiendo dulces en Halloween, Lucy se alegró: «Me dieron dulces», Linus se jactó: «Me dieron chicles», pero Charlie Brown se quejó: «¡Y a mí una roca!». Cada nueva puerta que tocaban, el resultado era el mismo. A Charlie Brown se suponía que le dieran dulces o chicles, pero una y otra vez solo le daban una roca.

Dios estableció la familia humana para que los padres a través de las edades pudieran preparar el camino para que sus hijos entendieran la relación de amor y aceptación incondicional que Él les ofrece. Aunque los padres crueles, intolerantes, exigentes, egoístas o los que no dan apoyo predisponen a sus hijos a sentirse como Charlie Brown cuando este susurró: «Y a mí una roca». Dios espera que nuestros padres nos amen. Cuando eligen lo contrario, Él se decepciona tanto como nosotros. No obstante (y siempre hay un divino «no obstante»), Dios tiene el poder para tomar esa roca que nos han dado y pulirla en forma de un precioso diamante si se lo permitimos. Al hacerlo, Su poder nos transforma.

La verdad que nos hace libres

Acceder a Su poder es sencillo, pero no fácil. Suele suceder que quienes deberían apoyarnos nos dicen que no somos buenos, listos, bonitos o lo bastante productivos para triunfar en la vida. Esa es una mentira del diablo. Jesús nos advierte en Juan 10.10: ***«El ladrón no viene más que a robar, matar y destruir; yo he venido para que tengan vida, y la tengan en abundancia».*** (NVI) Accedemos a esa abundancia cuando creemos en Su Palabra y aceptamos lo que opina de nosotros. Cuando Satanás susurre a tu oído que eres imperfecto e inútil, puedes encontrar la refutación a sus mentiras en 2 Corintios 12.9: ***«Te basta con mi gracia, pues mi poder se perfecciona en la debilidad».*** (NVI) Le funcionó al apóstol Pablo.

Cuando el enemigo nos condena con: «Dios está tan harto de que la riegues que ya no te quiere», entonces adopta con certeza lo que David captó en Salmos 145.8–9: ***«El Señor es clemente y compasivo, lento para la ira y grande en amor. El Señor es bueno con todos; él se compadece de toda su creación».*** (NVI)

Cuando la vieja y taimada serpiente, Satanás, dice: «Eres un fracasado y nunca vas a hacer las cosas bien; así que ¿por qué no te rindes ya?», vas a combatir esa mentira con esta verdad: ***«Así que mi Dios les proveerá de todo lo que necesiten, conforme a las gloriosas riquezas que tiene en Cristo Jesús».*** (Filipenses 4.19 NVI) La Palabra de Dios tiene el poder de transformarnos si lo permitimos.

En mi práctica de consejería trato con muchas personas que reconocen intelectualmente que Dios las ama. ¿Después de todo, no lo dice en Juan 3.16? Pero esa información no pasa de la cabeza al corazón.

Así que en la tarde me senté en la computadora y llené una página con los versículos que me impidieron irme a pique y que fortalecieron mi fe de que Jesús me ama con todo y mis defectos. Excluí los pronombres personales de modo que cualquiera que leyera pudiera insertar su nombre y apropiarse de la verdad de Dios. La titulé Jesús me ama, ¿esto sé? Mi meta es que al finalizar ese ejercicio, una persona podrá responder esta pregunta por la eternidad. Estos versículos nos hablan de la verdad de quién somos en Cristo y nos libera del desagradable pensar de la autoduda. Ir en pos del poder de Dios por medio de Su Palabra nos pone en contacto con la verdad que nos hace libres. Eso es lo que necesitaba Donnetta Jean, pero le faltaban cosas que arreglar. Antes de que pudiera aceptar la forma en que Dios la ve, tenía que liberarse de la de su papá.

¿Quién te saca de quicio?

—Haga lo que haga, nunca doy la talla. Siento que cuando tiendo la mano, en vez de recibir un cálido apretón, me la cortan y me dejan un muñón —continuó ella lamentándose.

—¡Lo sé: estás despedida! —le contesté prontamente para tomarla por sorpresa.

—¿Que yo qué? —preguntó, con sorpresa, en lo que ella miraba la montaña de pañuelos que sostenía.

—Estás despedida de necesitar la aceptación y aprobación de tu padre. De hecho, lo estás despidiendo de su rol de papá, —le informé con segura autoridad.

—¿Qué quieres decir? —preguntó, confundida y curiosa.

—Que decides sustituirlo. Seamos sinceras, nena. Él nunca ha sido bueno en cubrir tus necesidades emocionales, pero Jesús sí. Así que vas a despedir a tu papá y vas a abrazar a Jesús como tu nuevo padre. Pablo lo dijo en Romanos 8.15–16: ***«Pues no habéis recibido el espíritu de esclavitud para estar otra vez en temor, sino que habéis recibido***

el espíritu de adopción, por el cual clamamos: ¡Abba, Padre!». (RVR1960) Eso significa papito en el idioma original y es el tipo de relación que Él anhela tener contigo. Despedir a papá no significa que tengas que odiarlo, que lo deseches o que lo recrimines a cada momento. Por ironía, terminas honrándolo más.

Así se ven las cosas. Cuando tus necesidades emocionales no son satisfechas y tu tanque está vacío, te encuentras siempre decepcionada por la condenación constante de tu papá. Entonces terminas desdeñándolo por esa condenación y te sientes culpable por tu desprecio. Es un pozo destructivo en el que no quieres caer.

—¡Dímelo a mí. He vivido eso 20 años! —espetó.

—No obstante, (y siempre hay un «no obstante» divino), cuando dejas que Jesús sea tu papito y te permites sentir un amor tan pleno que Él daría Su propia vida por ti, tu tanque está lleno. No importa lo que papá haga o diga porque él ya no está en «el rol de papito». No necesitas su aprobación o admiración: el creador del universo cumple ese papel. —Donnetta se sentó en silencio procesando todo lo que oía.

—Si mi antiguo pastor estuviera aquí, él te daría un sabio consejo sureño. A él le gustaba decir: «No te pueden quitar la cabra a menos que sepan dónde la amarraste». —Donetta Jean se rio tan fuerte que ni siquiera se tapó la boca de la manera recatada en que la había visto muchas veces antes.

—Tu papá te saca de quicio cada vez porque te importa mucho lo que él piense de ti. Cuando lo despides de su rol de papá, tu autoestima ya no está atada a su aprobación. Vas a tener que mover esa cabra y atar la percepción de ti misma a Jesús. Ahora, cuando papá lance su actitud negativa sobre ti con crítica corrosiva, tu diálogo interno se vuelve: «Toco mi concierto solo para Dios». Mientras tu comportamiento se alinee con la voluntad y designios del Señor, ya puedes arrancar.

—Todo eso suena muy bien, pero veamos la realidad. No he hecho una buena elección en años, y mi mundo es todo un desastre por ello. No tengo nada que ofrecerle a Dios. —La vulnerabilidad en la voz de Donnetta me hizo saber que no se había expresado sobre estos sentimientos antes. Cambió de centrarse en sus problemas con su papá a sus sentimientos sobre Dios. Estábamos llegando a las capas más profundas de dolor y avanzando hacia la verdadera sanidad—. ¿Por qué entre toda Su creación me querría Dios?

—Donnetta, Él te quiere porque eres Su creación, respondí. Él no te ama por como actúas o produces. No eres un hacer humano, sino un ser humano, y ¡Él verdaderamente te ama con todo y defectos! Voy a demostrártelo en este momento.

El próximo paso en tu proceso es sanidad, es ir en pos del poder de Dios. El poder de Dios se encuentra en Su Palabra. Pablo la llama «la espada del Espíritu» en Efesios 6.17. Jesús, mismo cuando fue tentado en el desierto, utilizó la escritura para combatir a Satanás. Y tienes acceso a ese mismo poder. Con ello le entregué la Hoja de Jesús.

—¿Qué es esto?

—Esta hoja llena de versículos contiene espacios en blanco en el lugar donde iban los pronombres. Quiero que cuando dispongas de unos cuantos minutos libres, escribas tu nombre en esos espacios. Al hacerlo quiero que te apropies de cada versículo. Léelo con cuidado, medita en cada palabra y deja que el sentido de las palabras penetre tu alma. Permite que el poder de la Palabra de Dios te transforme. ¿Entiendes lo que debes hacer en la Hoja de Jesús?

La expresión pensativa en su rostro me hizo preguntarme si me estaba entendiendo.

—Entiendo lo que quieres decir sobre quitar del rostro de Dios la cara de papá —me contestó, por fin levantando la vista de la página que le acababa de dar. Si pudiera creer la mitad de lo que me dicen los versículos, eso cambiaría lo que pienso de mí misma.

—Estás captándolo porque eres lista. La Palabra de

Dios te da el poder de despedir a papá, de emplear a Jesús como un padre cariñoso, y de dejar de escuchar la estática satánica que roba tu gozo. La verdad es que realmente tienes una roca y no es como la que le dieron a Charlie Brown. El Salmo 62.1–2 dice: ***«En Dios solamente está acallada mi alma; de él viene mi salvación. Él solamente es mi roca y mi salvación; Es mi refugio, no resbalaré mucho».*** (RVR1960) Recibe tu roca Donnetta. Recibe Su poder que cambia vidas.

Pasos hacia el éxito: Llena tu **Hoja de Jesús**. Pon tu nombre en el espacio en blanco disponible en cada versículo. Lee, reflexiona y recibe cada versículo como un mensaje del corazón de Dios para el tuyo. Emplea los Tres liberadores. Toma tres versos. Puedes escogerlos de la Hoja de Jesús o buscar otros que te gusten. Ponlos en tres lugares de fácil acceso: el refrigerador, el espejo y tu protector de pantalla son ejemplos. Luego léelos tres veces al día durante tres semanas. Descárgalos como tu nuevo diálogo interno y permite que la verdad de estas palabras renueve tu mente.

JESÚS ME AMA, ¿ESTO SÉ?

«Quien toca a_____________________________, toca la niña de los ojos (del Señor)». (Zacarías 2.8b NVI)

«En verdad, los cabellos de la cabeza de _____________________________ están contados». (Lucas 12.7 NVI)

«¿A dónde podría____________________ huir de tu presencia? Si _______________ subiera al cielo, allí estás tú; si tendiera su lecho en el fondo del abismo, también estás allí. Si se elevara sobre las alas del alba, o se estableciera en los extremos del mar, aun allí tu mano guiaría a _______________, ¡me sostendría tu mano derecha! Tú creaste a________________; la formaste en el vientre de su madre. ¡Te alabo porque______________ es una creación admirable! ¡Tus obras son maravillosas, y esto lo sé muy bien! Mis huesos no te fueron desconocidos cuando en lo más recóndito era yo formado. Cuando en lo más profundo de la tierra era yo entretejido, tus ojos vieron mi cuerpo en gestación. Todos los días de__________________ se estaban diseñando aunque no existía uno solo de ellos». (Salmos 139.7–10, 13–16 NVI). (¿Suena eso como una falla cósmica o un error eterno?).

«El Señor es clemente y compasivo (con)______________________, lento para la ira y grande en amor. El Señor es bueno con_________________, Él se compadece de toda su creación... El Señor levanta a los caídos y sostiene a los agobiados... Abres (el Señor) la mano y sacias con tus favores a todo ser viviente». (Salmos 145.8, 9, 14, 16 NVI)

«Puse en el Señor toda mi esperanza; él se inclinó hacia_________________y escuchó su clamor. Sacó a_______________ de la fosa de la muerte, del lodo y del pantano; puso los pies de______________sobre una roca y sobre terreno firme a_______________la plantó. Puso en los labios de____________________ un cántico nuevo, un himno de alabanza a nuestro Dios». (Salmos 40.1–3 NVI)

«El Dios eterno es refugio de__________________; por siempre te sostiene entre sus brazos». (Deuteronomio 33.27 NVI)

«Pero Dios demuestra su amor por ____________ en que cuando todavía _________________era pecador, Cristo murió por él. (Romanos 5.8 NVI)

«Él fue traspasado por las rebeliones de _________________, y molido por las iniquidades de_____________: sobre él recayó el castigo, precio de nuestra paz, y gracias a sus heridas _____________ es sanada». (Isaías 53.5 NVI)

«Así que mi Dios le proveerá de todo a ______________ conforme a las gloriosas riquezas». (Filipenses 4.19 NVI)

«A_____________________ le basta con mi gracia, pues mi poder se perfecciona en la debilidad. Por lo tanto, gustosamente haré más bien alarde de mis debilidades, para que permanezca sobre ________________________ el poder de Cristo. Por eso me regocijo en debilidades, insultos, privaciones, persecuciones y dificultades; porque, cuando soy débil, entonces soy fuerte». (2 Corintios 12.9–10 NVI)

Capítulo 4

La oración: Presentes en Su presencia

4

En *Una vida con propósito*, dice Rick Warren: «Por supuesto que es importante establecer el hábito del devocional diario con Dios, pero Él quiere ser más que una cita en nuestra agenda. Quiere ser incluido en cada actividad, en cada conversación, en cada problema y hasta en cada uno de nuestros pensamientos». Disponemos del preciado don de comunicarnos con el Omnipotente todo el día, pero tropezamos, tal como Donnetta Jean, con los obstáculos del diario vivir.

Trabaja si lo trabajas

—He estado leyendo los versículos que escogí de la Hoja de Jesús que me diste en la última sesión —me informó Donnetta, después de mostrarme los dientes de leche de Charlie—. Escogí 2 Corintios 12.9–10 porque dice que el poder de Dios se perfecciona en mi debilidad y debilidades me sobran. Me gusta Deuteronomio 33.27 porque necesito un refugio. Entre los versículos que escribí en el espejo de mi baño, puse a Jeremías 29.11 en la lista. Uno de los primeros que me diste y mi favorito porque habla de bienestar y no de calamidad y se siente que todo lo que tengo es calamidad; es tiempo de bienestar, un porvenir y una esperanza. He leído estos tres versículos con frecuencia como dijiste. Cuando desperté hace pocos días, realmente me descubrí orando. Me avergüenza decir que no había ocurrido en mucho tiempo y se sintió tan bien mientras duró, aunque no fue por mucho. He intentado concentrarme y orar desde entonces, pero mi mente sigue divagando. Me preocupo por cómo vamos a salir adelante con Charlie o me siento culpable de mis malos pasos por mucho tiempo.

—Donnetta Jean, me agrada mucho que te guste orar. Eso me dice que tu confianza rota está sanando. Ahora bien, ¿estás lista para ser despedida de la culpa y de dejar de afanarte? —pregunté.

—Estoy harta de no pasar de lo mismo. Cuando decidí buscar ayuda, dije que no importaba lo que me tocara hacer; así que supongo que estoy lista —concedió.

Libertad genuina

Ahora es tu turno. ¿Estás listo para desechar la carga de culpa y de vergüenza que has estado cargando? 1 Juan 1.9 nos dice: ***«Si confesamos nuestros pecados, él es fiel y justo para perdonar nuestros pecados, y limpiarnos de toda maldad».*** (RVR1960) No dice de poca maldad; dice de TODA maldad. Salmos 103.12 dice: ***«Tan lejos de nosotros echó nuestras transgresiones como lejos del oriente está el occidente».*** (NVI) Dios nos informa en Hebreos 8.12: ***«Yo les perdonaré sus iniquidades, y nunca más me acordaré de sus pecados».*** (NVI) Después de confesar nuestros pecados al Señor, Él los olvida.

Sin embargo, nos sentamos a orar y antes de darnos cuenta, volvemos a vivir nuestros pasados errores y malas elecciones. Una mujer le dice a Dios: «No puedo servirte Señor por aquella mala decisión que tomé». Y Él le dice: «¿Qué decisión, cariño? No sé de qué me hablas». Otra pide con fervor: «Señor, realmente quiero más de Ti en mi vida, pero Tú no me quieres por aquel grave error que cometí». La respuesta de Dios es: «Eso está tan lejos de mi mente que no puedo recordarlo».

Si el Creador del universo, el que puso a los planetas en órbita, el diseñador de cada intrincada función de tu complejo cuerpo puede olvidar un pecado confesado, entonces deberías hacer lo mismo. En una campaña de ***Just Give Me Jesus***

(Solo dame a Jesús), Anne Graham Lotz le dijo a casi 10.000 personas: «El Señor es fiel y justo para perdonarnos. Cuando no nos perdonamos, le decimos: «Gracias por tu perdón Señor, pero mis normas son superiores a las tuyas».

Cada día, gente lastimada entra por las puertas de mi consultorio necesitando salir de la trampa de la culpa que los mengua. Para ayudarles, les comparto esta historia. Tal vez te identifiques con el joven del siguiente cuento.

El pato y el demonio

Un niño visitaba a sus abuelos en su granja. Se le había dado una honda para que jugara con ella en el bosque. Él se adentraba para practicar su puntería, pero nunca le pegaba a nada. Un tanto desanimado regresaba para la cena y en lo que caminaba vio el pato que era mascota de la abuela. Como por impulso, disparó con la honda y le dio al pato directo en la cabeza, matándolo. Estaba apesumbrado y asustado. Lleno de pánico, escondió al pato muerto entre la leña, pero se dio cuenta de que ¡su hermana lo observaba! Sally lo vio todo, sin decir ni una palabra.

Después del almuerzo el día siguiente, la abuela dijo: —Sally, es hora de lavar los platos.

Pero Sally le dijo: —Abuelita, Johnny me dijo que quería ayudar en la cocina—. Luego le susurró a él: —¿Recuerdas al pato? —Así que Johnny lavó los platos.

Más tarde ese día, el abuelo preguntó si los niños querían ir a pescar y la abuela dijo: —Lo siento, pero necesito que Sally me ayude a hacer la cena.

Sally solamente sonrió y dijo: —No hay problema, porque Johnny dijo que quería ayudar. —Le volvió a susurrar—: ¿Recuerdas al pato? —Así que Sally se fue a pescar y Johnny se quedó a ayudar.

Después de varios días de que a Johnny le tocaba hacer los quehaceres de ambos, ya no pudo más. Se acercó a la abuelita y le confesó que había matado al pato.

La abuelita se hincó, le dio un abrazo y le dijo: —Amorcito, lo sé. Verás, estaba de pie al lado de la ventana y lo vi todo, pero porque te amo te perdono. Me estaba preguntando por cuánto tiempo te iba a esclavizar Sally.

No importa lo que el diablo te siga echando en cara (mentiras, engaños, deudas, miedos, malos hábitos, odio, ira, amargura, etc.), debes saber que Dios estaba en la ventana y que lo vio todo. Y quiere que sepas que te ama y que si se lo pides, te perdonará. Él ha estado preguntándose por cuánto tiempo te iba a esclavizar el diablo. Lo grandioso acerca de Dios es que cuando le pides perdón, no solo te perdona, sino que olvida.

Si no has confesado la carga por la que te sientes culpable ante el Señor, hazlo ahora. Saca una libreta y un bolígrafo, y en oración escribe tu confesión. Pídele al Señor como lo hiciera el salmista en el capítulo 139.23–24: ***«Examíname, oh Dios, y sondea mi corazón; ponme a prueba y sondea mis pensamientos. Fíjate si voy por mal camino, y guíame por el camino eterno».*** (NVI) Una vez has vertido tus pecados en la página, pide fervientemente a tu Padre Celestial que te perdone. Ahora, en ceremonia destruye el papel. Ponlo en un desmenuzador, tíralo al fuego, hazlo pedacitos y lánzalo al océano o desde un acantilado, luego piérdete en los cálidos brazos de perdón del Señor. El salmista nos dice: ***«Entrégale tus cargas al Señor, y él te sostendrá».*** (Salmos 55.22a NTV) En el lenguaje original la palabra sostener significa guardar, recibir, mantener, proveer o sostener. La palabra hebrea que se utiliza es ***kuwl***. Que se pronuncia cool ¡Y decididamente lo es!

Cuando apartamos los obstáculos que nos impiden conectarnos con Jesús, estamos listos para una relación. Eso ocurre cuando estamos en línea con el Señor todo el día. Debemos proponernos mantener abiertas las líneas de comunicación. Si me descuido, me encuentro recitando mis oraciones matutinas como si fueran una lista de regalos de Navidad de un niño y luego digo «amén», y cuelgo la línea directa con Dios o apago la computadora cósmica y salgo a la rutina diaria. Entonces mi día luce como el de la señorita a continuación.

El diálogo diario

Jéssica se despierta emocionada sobre un nuevo día, el cual inicia con grandes intenciones. Se mete a la ducha y ora por todo mundo: sus niños, su esposo, la jefa de ella, la jefa de él, sus padres, el pastor e incluso los vecinos de arriba que no son muy amistosos. Luego se seca con la toalla, dice amén y sale a la rutina diaria bien encomendada. A medio camino a su trabajo, le suena el celular y es su hija mayor Susie que le dice: —Mamá, a Tommy lo volvió a dejar el autobús.

—Pásamelo. —Jéssica siente que le sube la temperatura en lo que sujeta el volante—: Ya vas a ver muchachito: no habrá teléfono, ni televisión ni juegos de video. No puedo creer que ocurrió de nuevo. ¿Te cuesta tanto alistarte por la mañana? Por Dios Santo ya casi tienes 10 años. ¿Qué tan difícil puede ser? Y aun no termino. ¡Nos vemos más tarde jovencito! Luego cuelga el teléfono en lo que su apesumbrado hijo solloza al otro lado de la línea.

Sin recuperar del todo la compostura, Jéssica ingresa al estacionamiento de la empresa. Al salir del carro, se le queda la manija de la puerta en la mano. «Solo eso me faltaba», murmura para sí. «¿Cuántas veces lo he llevado al taller? ¡Esos tipos son unos estafadores!» Así que se mete la manija en el bolso, reprime su ira cada vez mayor y se dispone a trabajar. Cuando entra a la oficina exterior, su ánimo empeora cuando vuelve a mirar vacío el escritorio de la secretaria. «¿Cuántos días libres le dan a esta mujer? Fantástico, otro día de hacer lo mío y lo de ella». El sarcasmo no mejora las cosas, pero, en este punto, ya no le importa.

Da vuelta a la esquina hasta su cubículo y ve una nota con tinta negra en la entrada. Es de su jefe regañándola por no haber apagado las luces cuando se fue de la oficina ayer. «¡Ay, Dios mío! Se me olvidó y no puedo negarlo. Salí a la carrera para llevar a Susie al dentista y se me olvidó apagar la luz. Ahora irrité a la administración. Bueno, adiós al aumento». Ahora sintiéndose enojada, culpable y muy frustrada, se apresura al baño y se encuentra a Jenny, quien trabaja en el cubículo de al lado. Jenny dice algo que termina por colmarle la paciencia a Jéssica, ¡quien entonces estalla contra ella! Y Jenny es la joven a quien Jéssica ha estado intentando llevar a la iglesia.

Echemos un vistazo al pésimo día de Jéssica e intentémoslo con el **Diálogo diario**. Pablo nos dice en Filipenses 4.6–7: ***«No se inquieten por nada; más bien, en toda ocasión, con oración y ruego, presenten sus peticiones a Dios y denle gracias. Y la paz de Dios, que sobrepasa todo entendimiento, cuidará sus corazones y sus pensamientos en Cristo Jesús».*** (NVI) Jéssica plena y fervientemente presentó sus peticiones ante el Señor. Pero le faltaba enfrentar más ansiedad que la que ella pudiera manejar y se encontró en grave necesidad de paz. En 1 Tesalonicenses 5.17 se nos aconseja que ***«oremos sin cesar»***. (NVI) Así que hoy Jéssica se queda conectada al Señor todo el día. Entra a la ducha, ora por todos y hasta por el gato, pero esta vez no dice amén. No cuelga el teléfono ni apaga la computadora. Se queda en línea con el Señor.

Se lanza a su día y a medio trabajo su hija la llama para informarle que a Tommy lo volvió a dejar el transporte, pero Jéssica ora: «¡Amado Señor, por favor no me permitas matar a mi hijo!». Inhala profundo e ingresa al estacionamiento de su trabajo. Cuando abre la puerta la manija le queda en la mano y ella inmediatamente accede a la ayuda de Dios para no decir cosas desagradables sobre el mecánico quien continúa insistiendo que: «Ya está arreglada. Que ya no se cuelguen de ella sus niños».

Jéssica pasa por la puerta de la oficina y nota un espacio vacío en la entrada de la oficina. Esta vez ora de inmediato por la secretaria que está enferma en lugar de criticarla. Comienza a sentir algo de la paz de la que Pablo habla en Filipenses al intercambiar su ansiedad por respuestas. Sabe cómo reaccionar a las situaciones de la vida porque está sintonizada con la frecuencia de Dios y Él suple todas sus necesidades ***«conforme a sus*** *riquezas en gloria en Cristo Jesús».* (Filipenses 4.19 RVR1960)

Al doblar la esquina, ve la nota de su jefe pero la constante comunión con el Señor le ha llenado el tanque toda la mañana, así que no le amarga el día el correo airado del gerente. En lugar de ello, se hace cargo de su parte y se propone mejorar en el futuro. Cuando Jenny se acerca, Jéssica ha orado y se ve presentable, ¡y no arruina su testimonio cristiano en el lugar de empleo!

Creo que el **Diálogo diario**, esa continua comunicación con el Señor, determina la diferencia entre el desaliento y la abundancia. Pero no tienes que confiar en mí. Inténtalo tú mismo. Me gusta decir: «Entonces mira cómo Dios se aparece». Pero la realidad es que Dios siempre está allí, simplemente no estamos tan sintonizados para notarlo. Hay días en que Él pasa mucho tiempo halando tu manga para llamar tu atención y, si eres como yo, estás demasiado ocupado para concentrarte en lo que vas por la vida a toda velocidad en un callejón sin salida.

Pero yo te desafío a que bajes la velocidad tanto como para ver Su participación en tu rutina diaria: el estacionamiento que se abre frente a la tienda justo a quince minutos de cerrar, el dinero que se presenta inesperadamente en el momento de mayor necesidad, la paz que sientes en lo que atraviesas un día exigente. Él está ansioso de mostrarse ante ti. Ten atento el corazón, agudiza los oídos y mantén los ojos abiertos.

Pasos hacia el éxito: Siéntate, libreta y bolígrafo en mano. En oración escribe tus confesiones, preséntalas ante Dios, luego en ceremonia destruye el papel. Ponlo en un desmenuzador, hazlo pedacitos y lánzalo a un lago, tíralo al fuego, etc. Practica el **Diálogo diario** y observa cómo nutre tu confianza en la bondad de Dios.

Capítulo 5

Las personas:
Estamos en el mismo barco

5

Donnetta entró empujando el coche lleno de artículos maternos, es decir, pañalera, llaves del auto, bolso, el biberón que Charlie tiró al entrar y a Charlie mismo. Al correr a ayudarla en la puerta, comenté: —¿No es sorprendente todo lo que tienes que acarrear por una criaturita?

—No es broma. Siento que necesito alquilar un remolque de mudanza para todas sus cosas. A lo mejor no voy a necesitar nada. Planeé esta cita para su hora de siesta y con suerte él se acomodará y se dormirá en su manta. —Ella sentó a Charlie y él inmediatamente se fue gateando hacia la calefacción eléctrica en la pared. —No, Charlie — exclamó Donnetta antes de que él pudiera llegar a su destino. De inmediato se sentó el niño y miró a su mamá como en espera de instrucciones.

—¡Eso es sorprendente! —le respondí—. Crie a tres hijos y ninguno ni por asomo era tan obediente.

—La gente dice que soy bendecida —comentó Donnetta en lo que agarraba a Charlie en sus brazos, le ponía un chupón en la ansiosa boca y lo arrullaba para dormirlo.

—Y yo digo que sí. Mira qué buen chico es. — Extendí la manta azul brillante cubierta de figuras de conejitos en el piso a la par del sofá. —¿Aquí lo quieres? —le pregunté.

—Está ideal —asintió, prosiguiendo con sus ideas—. Comienzo a sentir que soy bendecida. Linda, siempre dices que Dios responde por ti. Bueno comienzo a creer que también por mí.

Mostró una gran sonrisa en su rostro en lo que la llamaba con un gesto para que me dijera más. —Soy toda oídos —agregué.

—Un día después que me fui de aquí la semana pasada, a Charlie le dio fiebre y vomitó. Lo llevé a la doctora y ella dijo que tenía una infección en el oído. Inmediatamente pensé lo peor. A uno de mis sobrinos le daban infecciones del oído y tenían que ponerle tubos. Le costó a mi hermano y a su esposa una pequeña fortuna y luego tenían que extraerle agua de los oídos, lo que era muy difícil a la hora del baño y con la piscina de mis padres. Todo en lo que podía pensar era lo difícil que sería si Charlie contraía ese problema. Luego me acordé de nuestra conversación sobre encomendar nuestras cargas al Señor. Seguía diciendo en mi mente «Dale tus cartas» al repetirme que se las diera a Dios. —Ambas nos reímos a carcajadas de cómo Donnetta recordaba el Salmos 55.22.

—¡Cómo te resulte mejor! Lo emocionante es que pudiste recordarlo.

—Hey, no solo lo recordé; hice lo que decía —respondió Donnetta disfrutando nuestras bromas—; le pedí a Dios que se llevara mis preocupaciones. Y me vi a mí misma poniendo todos mis afanes maternales a los pies de Cristo, lo cual era difícil de hacer, pero más fácil que llevarlos conmigo y angustiarme el resto de la semana. Al día siguiente, Charlie estaba mucho mejor y yo también.

—Procesas bien las cosas, Donnetta, le expresé con convicción. Hablamos de ciertas cosas y sales de aquí con la habilidad de aplicar lo que conversamos. Es porque eres inteligente.

Agachó la cabeza y bajó la mirada en desacuerdo. —Tu lenguaje corporal me dice que no te sientes cómoda con lo que acabo de decir. ¿Qué sientes? —indagué.

—No soy inteligente. Mi papá siempre habla de lo inteligentes que son los muchachos y que las mujeres somos mentalmente inferiores. Y asumí que eso incluía a mi mamá y a mí, y él nunca dijo lo contrario, incluso cuando sacaba buenas notas en la escuela. ¡Nunca jamás sentí que era inteligente!

—Bueno, yo insisto en que lo eres. A muchos que vienen a consulta les cuesta aplicar los conceptos que vemos cada semana. Captaste las ideas con facilidad porque eres inteligente. —Hice hincapié en lo último.

Los arreglos florales de Dios

—Donnetta, quiero que aceptes ese cumplido. Hace años la pasaba muy mal recibiendo los elogios que me dispensaban. Entonces escuché a mi pastor decir: «Los cumplidos son como flores que lanza la mano de Dios». Cuando no los aceptamos, es como si cortáramos los pétalos de las flores que Dios nos ha dado, los lanzáramos al piso y los pisoteáramos. Los elogios son una forma en la que Dios nos dice quiénes somos. Cuando los recibimos generan confianza en las cualidades y dones que Él nos ha dado, pero cuando no, permanecemos estáticos y críticos de nosotros mismos. Tomé esas palabras a pecho y dejé de desestimar los elogios hace como 20 años. En aquel momento, Dios había tenido la oportunidad de rehacer mi autoestima. Antes, tenía que subir una escalera para estar a la altura de incluso una hormiguita.

¿Te acuerdas cuando te pedí que hicieras una Lista de bendiciones? —Donnetta asintió con la cabeza en lo que ponía a su soñoliento hijo en la manta que había extendido para ella. —Utilicé el ejemplo, «Puedo dejarme crecer las uñas» porque, cuando se me pidió hacer esa lista, en ese momento ¡era lo único que se me ocurrió después de mucho meditar!

—¿Estás bromeando? —respondió Donnetta.

—Ojalá lo estuviera. Estaba cayendo al pozo de un triste y lastimero odio a mí misma.

—Eso sí me cuesta creerlo.

—Gracias a Dios a mí también me cuesta. Apenas reconozco a la niña insegura que era yo hace tiempo, —le comenté—, pero puedo revivir esos sentimientos a fin de ayudarte. El haber pasado por eso me ayuda a saber lo que sientes y necesitas. Debes dejar de rechazar los elogios que te dan.

Ahora, mírame a los ojos y responde con genuinas y sinceras gracias, —le indiqué—. No es solo para mí, sino para todos los que te brindan un elogio. En lo que das las gracias, quiero que te veas recibiendo un maravilloso arreglo floral del Señor.

Acércate a las flores e inhala su fragancia. Explora la exquisita belleza de cada capullo. Ahora recibe las expresiones de elogio y míralas impregnar tu ser. Déjalas empapar tu alma. Créelas. Reconoce que son las palabras de Dios para reforzar lo bueno que Él creó en ti.

—Eso va a estar difícil —dijo Donnetta, sonrojándose.

—Lo sé. Pero puede cambiar tu vida. ¿Estás lista para intentarlo? —Ella asintió y puso los ojos en blanco, reconociendo que no iba a callarme hasta que ella hiciera lo que le pedí.

Al hacer un gran esfuerzo por mantener contacto visual, ella murmuró: —Gracias, Linda.

—¿Gracias, por qué? —La estaba presionando y ella lo sabía.

—Por decir que soy inteligente —dijo intentando ahogar una tímida sonrisa.

—¿Y por qué más?

—Cálmate ya, Linda —pidió, medio riéndose.

—Me calmaré la próxima semana. Ahora por qué más, —insistí con una sonrisa amenazante.

—Y por decir que proceso bien las ideas y que las aplico bien.

—¡Muy bien! —la elogié. Ahora cuenta con ello, y cada vez que alguien te elogie, quiero que escuches esas palabras pronunciadas por Jesús mismo. Dale la oportunidad de reforzar tu confianza por medio de mostrarte quién eres. Al rehusar aceptar los elogios que te han dado en todo este tiempo, has perdido muchas oportunidades de reforzar tu confianza.

—Bueno, eso podría explicar por qué la imagen que tengo de mí anda por los suelos, ¿o no?

—¿Tú piensas? —dije en broma.

—Podría ayudar a explicar lo que ocurrió en la farmacia. Fui a obtener la receta de Charlie y vi a una antigua compañera de la preparatoria. Estuvimos en un grupo juvenil por varios años y aunque no éramos cercanas, me caía bien. Parecía una cristiana genuina. La parte rara es que entré en pánico. Me escabullí por toda la tienda para no toparme con ella y no me explico por qué: era como si pensara que ella era odiosa, pero en realidad no.

—Quizás te sientas odiosa, —la interrumpí—, intentando captar ciertas emociones reprimidas. —Miró hacia abajo y respiró profundo y eso me dijo que había puesto el dedo en la llaga—. Te sientes como que no tienes nada que ofrecer y ya que la gente en tu vida no es confiable, por qué tomarse la molestia de conectarse con nadie? Probablemente te decepcionen como todos los demás.

En lo que mis palabras conectaban con su dolor, le comenzaron a correr lágrimas por las mejillas.

—Confiar es difícil porque no tienes fundamento y no es tu culpa. Cuando buscas amor y atención positiva de papá, algo que todo niño necesita y se supone que todo padre te dé, eres objeto de menosprecio y burlas. Cuando buscas apoyo de tu mamá, te rechaza. Ellos eran tus principales cuidadores así que eso queda marcado en tu cerebro y quedas programada para pensar que te lo mereces. La mera verdad que te hace libre es que no eres tan detestable ni defectuosa como te sientes. Y hay personas por allí que pueden ser confiables. Ahora que pasas el día conectada a Cristo, Él puede guiarte hacia quienes puedes confiar. Sin embargo, quiero compartir ciertas ideas que te han de ayudar en el departamento de la amistad.

—Quiero oírlas —ofreció prontamente en lo que se secaba las lágrimas con la esquina de la manta de Charlie—. Lo único que es más difícil que confiar en Dios es confiar en las personas. Las únicas personas que he tenido en la vida hasta ahora son mis padres y ellos son los que más me han lastimado. Sé que no estoy lista para una relación sentimental. He cometido muchos errores para siquiera pensar en salir. Pero sería bonito tener una amiga con la cual ir a comer u otra madre a quien llamar para recibir consejos sobre bebés. Caramba, me conformaría con una conversación de cualquier cosa menos sobre Bert y Ernie y la última caricatura.

Nos reímos en lo que la animaba: —Bueno, arremángate la camisa y pongamos manos a la obra.

Las 3C para una sana relación

¿Qué hay de ti? ¿Estás listo para aprender, como Donnetta, ciertos conceptos que son vitales para las conexiones saludables con las personas? Realmente necesitamos a otros cristianos, así que entender cómo mantener relaciones equilibradas es esencial para nuestro crecimiento personal y madurez espiritual. Aquí están las tres «C» de una sana amistad:

1. Deja que la Confianza te empodere.

2. No dejes que la Comparación te infecte.

3. No dejes que te Convoquen (o que te recluten para cuidar a gente necesitada).

«Dios-fianza»

La falta de confianza de Donnetta la alejaba de lo que Dios le tenía reservado. Le hacía que se conformara con hombres que no podían amarla porque no sentía merecer más. La excluía de proyectos educativos y vocacionales. Y le impedía algo tan sencillo como interactuar con una antigua compañera en la farmacia. Como Donnetta Jean, nuestra falta de confianza puede limitarnos si se lo permitimos. Sin embargo, si permitimos que el Señor nos redefina mediante comentarios positivos de las personas que Él pone en nuestra vida, nos daremos cuenta de lo mucho que tenemos que ofrecer.

En Santiago se nos dice: ***«Toda buena dádiva y todo don perfecto descienden de lo alto, donde está el Padre que creó las lumbreras celestes, y que no cambia como los astros ni se mueve como las sombras».*** (Santiago 1.17 NVI) Así que lo que buscamos no es en sí confianza sino «Dios-fianza». Ese entendimiento de que Dios se lleva el mérito por lo que es benéfico y capaz en nosotros y que cura nuestra inseguridad y soberbia. No necesitamos alejar a los demás con nuestra propia importancia ni evitarlos con nuestra excesiva timidez. Así que no es en sí autoestima lo que buscamos sino «Jesús-estima». Cuando adoptamos la perspectiva del Señor de nosotros mismos, podremos sentirnos cómodos con quien somos. La opinión de Dios se revela en Su Palabra, mediante los cumplidos que recibimos y de oír Su suave murmullo cada día. Es posible descansar en la «Dios-fianza» de todo lo que nos ha dado, y que nos sirva para obtener sanas amistades.

Una comparación perjudicial

No solo permitimos que la inseguridad nos aleje de las relaciones, sino que la comparación puede demostrar ser un enemigo tan dañino en nuestros esfuerzos por conectarnos con otras personas. Donnetta Jean evitaba a las personas porque al compararse con quienes la rodeaban no se sentía a la altura. La verdad es que todo el mundo siente lo mismo hasta cierto grado. Perdemos valioso tiempo al sentirnos inferiores o al medirnos con otros porque no conocemos toda su historia.

Ese argumento se me hizo obvio cuando Ángela vino a verme. Ella era una hermosa señora italiana, de impecable tez oliva, grandes ojos cafés y frondoso cabello castaño, que era su mejor comercial como la estilista conocida por haber fundado «el mejor saloncito de belleza de Kansas». Ella era muy popular en Topeka hasta que se casó con Bart. Todo mundo sabía que eso no funcionaría, menos ella. Borracho, celoso y exigente, él tenía dinero y decía que iba a cuidar de ella. Le dijo que la sacaría de ser obrera y que le pondría un salón de belleza en su cochera, y que entonces podría ser estilista solo cuando quisiera. Pero Ángela se enteró muy tarde de que ese no era sino otro método del que él disponía para controlarle cada paso.

—Me la volvió a hacer —dijo, mientras lágrimas le surcaban el rostro—. Me acusó de serle infiel.

Linda, vivo limpiando «la hermosa casa que con tanto sacrificio te compré» que no tengo tiempo para engañarlo, aun si quisiera. Detesto mi vida —dijo entre sollozos—. Quisiera ser como Elaine.

Eso último no me tomó desprevenida. Ángela mencionaba bastante a Elaine, quien trabajaba con la mamá de Ángela hasta que se casó con Ernie. Él era un millonario ostentoso. Ernie le complacía a Elaine todos sus caprichos: un nuevo Mustang, collares de perlas y una renovación de la cocina que costó 50.000 dólares. Hasta le compró caros lentes de contacto de color ¡aun cuando la vista de ella era perfecta! Ángela siempre comparaba su vida con la de Elaine y eso la hacía sentirse poca cosa.

Después de expresar sus sentimientos, Ángela exploró conmigo un posible plan para buscar ayuda para su esposo dejara la bebida y devolver algo de cordura a su relación. Como recién convertida, le era nuevo pedirle ayuda a Dios en asuntos de vida, pero oró conmigo para que Dios le diera fuerzas y sabiduría en su matrimonio. Se fue aquel día con nuevos bríos de buscar al Señor a diario por auxilio y fuerzas.

¿Adivinen quién se apareció en mi puerta justo una semana después? Creo que acertaron: ¡Elaine! Pero no vino por ayuda porque ya había tomado su decisión. Después de dejar un charquito de lágrimas, se quitó los lentes de contacto, diciendo:

«Ya no aguanto. No importa cuánto dinero tenga mi marido, eso no le da derecho de pasar gritándome y a mis muchachos también. Nada de lo que hacen le agrada, y son buenos chicos que no merecen su maltrato. La verdad es que creo que los odia y no entiendo por qué. Estoy lista para dejarlo».

Ese día, aprendí una valiosa lección en cuanto a compararnos con los demás. Cuando Ángela comparó su vida con la de Elaine, salía perdiendo solo porque no conocía la verdadera historia. Así que ahora, no me comparo con nadie porque no sé lo que ocurre en la vida de la otra persona. Ni tú tampoco. Así que estás despedida de comparar pues es una enorme pérdida de tiempo. Mejor ocupa tu energía en revisar tu Lista de bendiciones. Cuando lo hayas hecho, te darás cuenta de qué bien te va con Dios.

Gente tóxica que complacer

El tercer consejo útil para una amistad sana es: no dejes que te convoquen ni te recluten. Cuando nos sentimos inseguros, permitimos que otros se aprovechen de nosotros por nuestra profunda necesidad de aceptación y aprobación. Terminamos haciendo cosas para quienes necesitan hacerlas ellos mismos. En ***Hiding From Love*** (Escondiéndose del amor), el Dr. John Townsend explica: «Conozco muchos cristianos cuya vida se ve marcada por los infructuosos intentos de cuidar de todos y también de sí mismos. Él nota que Gálatas 6.2 instruye que debemos cuidar de nuestro prójimo: ***«Ayúdense unos a otros a llevar sus cargas, y así cumplirán la ley de Cristo».*** Pero el versículo 5 parece contradecir al anterior: ***«Que cada uno cargue con su propia responsabilidad».*** (NVI)

Explica el Dr. Townsend: «Es fácil confundirse con este pasaje. Pablo está hablando de nuestros deberes y parece estar diciendo: "Cuiden unos de otros" (versículo 2) y "Cuida de ti mismo" (versículo 5). La palabra griega para carga en el versículo 2 significa "carga abrumadora". Imaginemos un peñasco gigantesco que destroza la espalda de una persona dolorida. Los peñascos representan pérdidas profundas y catastróficas en nuestra vida: pérdida familiar y marital, devastación financiera, enfermedad física y otras tantas... nos corresponden buscar los peñascos en el cuerpo de Cristo. Cuando uno es "destrozado", quienes tenemos algo que ofrecer hemos de acercarnos a la persona dolida para amarla, apoyarla y animarla».

El cuadro se aclara cuando Townsend analiza la palabra para carga en el versículo 5, que significa "mochila" y contiene todo lo necesario para que un caminante sobreviva el día. Es solamente para el portador y cada uno lleva la suya.

Los conflictos de límites ocurren cuando el caminante A se cansa de su mochila y quiere un aventón gratis. El caminante B, quiere ser solidario y se la lleva. Después de varios kilómetros, ocurren dos cosas. Primero, el caminante A se da cuenta de que es muy divertido no tener que ser responsable de pagar alquiler, buscar empleo o asumir la responsabilidad de su propia felicidad. Segundo, el caminante B pasa del amor al resentimiento y luego a la amargura, y se impone la ingente tarea de ser responsable de la vida de otra persona».

La baja autoestima de Donnetta la llevó a comportarse como el caminante B. La hizo doblegarse ante los hombres, al decir sí cuando quería decir no, al permanecer en la relación cuando no la respetaban y al soportar conductas contrarias a sus valores. Al ir adquiriendo entendimiento de cómo Dios la valoraba, se dio cuenta de que valía más que eso. Fue muy inteligente en posponer salir con alguien hasta que se conociera mejor. Aun así, al embarcarse en amistades con mujeres le era importante evaluar sus patrones en todas sus relaciones. Necesitaba buscar involucrarse con gente sana y fijar límites estrictos desde el principio. La tarea de Donnetta era pedirle al Señor discernimiento con quienes la rodeaban. Le pidió al Señor que le mostrara personas sanas que supieran dar y recibir, y que le sirvieran de ánimo e inspiración. Así que ahora la tarea de Donnetta es también la tuya.

Pasos hacia el éxito: Reúne el valor de ir a la

iglesia esta semana. Preséntate con al menos tres personas antes de irte.

- Asiste a un nuevo evento (eventos MOPS, noche de damas, estudio bíblico...) cada semana. Disponte a conversar mientras estés allí, incluso si te toca «pasar por experto hasta que sea cierto».

- Presta atención a las 3C para una relación sana, para las relaciones cariñosas.

Capítulo 6

La paciencia: Lo que se comió la langosta

6

Donnetta entró apesumbrada al consultorio vistiendo pantalones cafés, blusa blanca y chaqueta negra. Parecía toda una profesional, pero su lenguaje corporal me decía lo contrario. —Qué bien te ves —le dije, a fin de levantarle el ánimo.

—Sé que se supone que reciba el arreglo floral —comentó, con una sonrisa medio forzada—; pero estoy desinflada. Dejé a Charlie con mi mamá para poder solicitar una vivienda a bajo costo. He ido a cada lugar, y la espera menor es como de 10 meses y es para un apartamento, no para una casa. Linda, tengo que vivir con mis padres tanto tiempo ¡que para cuando salga algo ya habré muerto! —Nos reímos las dos.

—Río para no llorar —exclamó.

—Lo sé. No ha de ser nada fácil —agregué, validando sus sentimientos para que siguiera expresándose.

—No sé cuánto más puedo aguantar. Mi papá me colma la paciencia. Hace dos noches puso el grito en el cielo por el precio de una docena de huevos, ¡y Charlie y yo ni siquiera comemos huevos! Pero tuve que aguantarme y «ser respetuosa» como me enseñó mamá. Linda, me esfuerzo mucho por orar y encontrar un remanso de paz que en un momento funciona y en otro no. Estoy siendo lo más obediente que puedo. Me propongo ir a la iglesia todas las semanas y sabes lo que me cuesta. Intento leer la Biblia a diario como me instruiste. Me es imposible entender por qué Dios no contesta mis oraciones. No he dejado de orar para encontrar vivienda de bajo costo, he buscado en todas partes en dos condados, pero vivo en esta trampa emocional con mis padres. No puedo ver qué problema tendría Dios con que yo sea independiente y saque a Charlie de esta locura; así que ¿por qué no contesta mis plegarias? —Terminó su lamento con—: «Si Dios no me da más de lo que puedo manejar, creo que necesita ¡hacer inventario!».

—Te dije que tu honestidad te haría bien. Esta es una de las veces, ya que has sido muy clara conmigo sobre tus sentimientos. Ahora quiero que pases buen tiempo contándole todo eso al Señor. No dejes que tu decepción te aleje de Él. He descubierto que puedo irritarme y que eso no afecta para nada la soberanía de Dios. Mi rabieta no saca a Dios de Su trono. La verdad es que Él sabe cómo te sientes. Así que podrías ser más bien honesta y sacártelo del pecho. Podría ayudarte si lo escribes y viertes tu dolor sobre el papel. Si vas a reparar tu confianza rota, tienes que darle a Dios una oportunidad de que demuestre ser confiable.

—De verdad que es difícil esperar respuestas. Es difícil creer que Dios te apoyará —se quejó Donnetta.

—Me he puesto en tu lugar, nena; nueva en la fe en Dios e insegura de que Él escuchara mis oraciones, incapaz de hacer acopio de confianza para creer que Él proveería. Fue allí donde me encontré este versículo en Joel 2.25: ***«Y os restituiré los años que comió la langosta».*** (RVR1960) Este versículo nos da seguridad de que Dios está en el asunto de la restauración, pero a veces la vida parece un ataque de langostas. Allí es cuando nuestra única esperanza es aferrarnos a Dios. No te encojas ante la devastación, clama por restauración. Confía en Dios. Él vendrá a tu ayuda. Lo hizo por mí. Pero el proceso no siempre es agradable.

Necesito paciencia, ¡ya!

Tal vez ocupes el lugar de Donnetta hoy. Necesitas paciencia en lo que esperas que Dios mejora las cosas, pero las pasadas experiencias no te convencen de que lo hará. Si ese es tu caso, entonces esta historia es para ti como lo fue para Donnetta aquella tarde en el consultorio.

Aun después de que le di mi corazón al Señor, las langostas siguieron devorando mis días. La mayoría de los padres se alegrarían de ver a sus niños comenzar a ir a la iglesia y portarse mejor, pero no mamá. Hizo todo a su alcance para disuadirme de congregarme, pero eso me dio mayor decisión de ir. La adoración era mi vida y aprendí mucho de los sermones: anhelaba a que llegara el domingo. El Salmo 68.6 dice: ***«Dios da un hogar a los desamparados»***. (NVI) Esa buena gente se volvió mi familia al llevarme a la iglesia, responder a mis preguntas y orar por mí cuando lo necesitaba.

Me esforcé al máximo por cooperar con mamá para no provocarla a ira. Hice con diligencia lo que me pedía y ya que ella trabajaba por las tardes, eso era bastante. Me levantaba temprano, iba a la escuela, volvía a casa, hacía la cena, limpiaba la casa, cuidaba a mi hermano menor, hacía tiempo para mis tareas escolares, me acostaba por la noche y me levantaba al día siguiente para reiniciar el ciclo. En el momento que entraba a casa de la escuela, antes de que pudiera guardar mis libros, me saludaba con las manos en la cadera, gritando órdenes como un sargento del ejército. «Tienes que lustrar mis zapatos y planchar mi uniforme. No te creas que puedes descansar. Tengo que trabajar, y tú también. A nosotras no nos toca descanso». Gritaba todavía aturdida de dormir todo el día en lo que yo estudiaba: «Desde que tu infeliz padre nos abandonó, así nos toca».

Aspiraba cada cuarto, limpiaba los baños, trapeaba el piso y mamá todavía decía groserías porque dejé una tela de araña en un rincón. Sin importar cuánto hiciera, nunca la complacía. Pero como gran codependiente en entrenamiento, seguía intentándolo. Me metí a la banda, a los clubes y teatro escolar, y en todos me destaqué pero ningún galardón mío la hacía feliz. Se volvió cada vez más enojada, difícil y exigente. Yo hacía mi mejor esfuerzo y eso no bastaba: la vida en casa parecía sin esperanza.

Una tarde para abrir los ojos

Lo único positivo que destacar era tener un gran grupo de chicas con quien me conectaba después de venir al Señor. Mi pastor de jóvenes enfatizaba el escoger amistades con buenos valores, y tomé sus palabras a pecho. Fui bendecida de encontrar un grupo de amigas cristianas que no decían malas palabras, fumaban, bebían ni mascaban chicle y en el Sur eso es mucho decir. Estas muchachas asistían a la iglesia, iban a seguir estudiando y eran temerosas de Dios. Una de ellas, Janet Lindsey, una centrada y pecosita pelirroja de frondoso cabello, siempre me invitaba a ir a su casa. Cada vez que le preguntaba a mi mamá si podía ir donde Janet, su respuesta era siempre la misma: —No eres normal como las demás. Yo tengo que trabajar y tú que ocuparte de la casa.

—Prometo que terminaré mis labores temprano y trabajaré el fin de semana como compensación. Por favor déjame ir —le supliqué. Mientras más decía que no, más la rogaba yo. Como lo veo, ella tuvo suerte que yo quisiera juntarme con una niña virtuosa como Janet. Mi persistencia dio frutos pues terminó cediendo, pero no podría quedarme donde Janet y tendría que regresar a no más tardar las seis de la tarde. ¡No me lo creía! Por un momento de gloria, podía ser una chica normal.

Me encontré con Janet en el pasillo después del séptimo período. Me llevó a su casa en el compacto azul que sus padres le regalaron cuando cumplió dieciséis. No paramos de hablar en todo el camino, entusiasmadas de lograr pasar una tarde conversando sin que nos interrumpiera la campana de la escuela o los monitores del pasillo. Janet se estacionó en la entrada de su casa amarilla de dos plantas con persianas blancas, que parecía salida de la portada de una revista sureña de decoración. Al pasar el porche envolvente, lleno de macetas de geranios rojos, Janet abrió la puerta de cristal biselado y me mostró su casa soñada. Después fuimos a la sala a charlar por media hora y en eso llegó su mamá.

La señora dijo cinco palabritas que por poco me caigo de la silla. Le dijo a Janet: —Cariño, ¿cómo estuvo tu día?

Y en lo que Janet le contestaba, yo estaba en alerta total. En cualquier momento pensé la mamá de Janet va a estallar. Y entonces la veré tal como es. Va a comenzar a gritarle a su hija por dejar la toalla tirada en la lavadora o por no tapar la pasta dental o por no secar el mostrador de la cocina. Pero lo único que la Sra. Lindsey dijo fue: —¿Les traigo unas sodas? Tenemos de varios sabores. ¿Cuál prefieren?

Nos llevó las sodas, las puso en la mesa del café, luego entraba y salía de la sala, guardó la ropa y fue a revisar el buzón. Por tres horas seguidas seguí observando y en todo momento la señora no hizo más que ser amable, cortés y prudente.

No dije palabra en el camino a casa. Janet me preguntó varias veces si estaba bien y aunque no lo estaba, no era su culpa. Le pedí que me dejara en la entrada del camino. Y después de haber visto su impecable vivienda no quería que ella viera mi casucha de pobretones blancos. Bajé corriendo la cuesta, abrí con ímpetu la puerta de enfrente y me tiré a la cama. ¿Por qué, Dios mío, no puedo tener un hogar cristiano como el de Janet? Mis palabras hicieron eco en mi almohada esa noche, pero poco sabía yo lo que Dios me tenía preparado.

En aquel momento amargo de mi vida de joven, no podía ver que Dios estaba haciendo cosas que me ayudaran a bien como lo promete en Romanos 8.28. No confiaba en el porvenir y en la esperanza que garantizaba en Jeremías 29.11. Me sentía como un enorme desecho de langostas.

No mucho después de aquella noche de llanto, mi pastor de jóvenes leyó al grupo unos versículos de Proverbios 3.5–6: ***«Confía en el Señor de todo corazón, y no en tu propia inteligencia. Reconócelo en todos tus caminos, y él allanará tus sendas».*** (NVI) Decidí confiar en Dios y reclamé para mí ese versículo cada vez que la vida se descarrilaba, algo común en mi hogar. Esa promesa me dio la paciencia para esperar en Dios. Hoy, en retrospectiva, puedo entender que el Señor obraba en mi vida aun en los momentos duros: especialmente en ellos.

Restauración divina

En Joel 2.25, la Escritura dice: ***«Y os restituiré los años que comió la langosta».*** (RVR1977) Con frecuencia después de haberme aprendido este versículo, me lo cito de esta forma: «El Señor sustituirá los años que se comieron las langostas». Entonces en un verano comencé a restaurar una mesa antigua de roble, que fue de una biblioteca, en poder de mi suegra desde los años 1850. Mi esposo quería usarla como escritorio en su oficina, así que el proyecto cobraba un significado especial.

Su mamá la había redecorado como doce veces, y a la que fue un día una bella mesa de roble tigre la cubrían varias capas de pintura chillante, herencia de los psicodélicos años sesenta. Para llegar a la madera original, tenía que aplicarle un removedor de pintura tan corrosivo que le huía al contacto con mi piel. Así que lo iba a dejar unos minutos para que el solvente desprendiera la pintura y luego arrancara la dura labor: lijar capa tras capa de viscosos residuos. La vieja pintura no cedía y tras muchas aplicaciones del solvente y largas horas de trabajo manual se pudo restaurar la madera.

Antes de que siquiera comenzara en las patas ornamentadas, recordé un magnífico escritorio de rodillos que había visto en la ferretería un corto tiempo antes. Más de una vez, en medio de esa ardua tarea, pensé llevarme a casa ese escritorio nuevecito, en el camión, para el uso de mi esposo. Pero no podía porque la mesa tenía valor sentimental y el proyecto significaba tanto para mí que no podía abandonarlo.

Al trabajar diligentemente en el proyecto una tarde, raspando y lijando por horas, recordé el versículo del libro de Joel. Al recitármelo, utilizar la palabra sustituir en vez de restaurar me impactó. Sustituirlo sería pan comido pero restaurar el escritorio exigía ensuciarse, esforzarse y perseverar. El Señor no promete sustituir nuestros años, sino restaurarlos y eso implica un arduo esfuerzo para raspar la escoria de dolor y de malas decisiones de nuestra alma. Tenemos que retirar el cieno de amargura y resentimiento y lijar las capas de miedo y duda para que Dios pueda restaurar la belleza que reserva para cada uno de Sus hijos. En su libro ***El cielo***, Randy Alcorn nos dice que «Dios siempre nos ve a la luz de lo que pretendía que fuéramos, y busca restaurarnos a ese diseño».

Soltar nuestra carga emocional

Creo que Jesús busca con diligencia a Sus hijos, pero muchas veces nuestra habilidad de buscarlo se ve obstruida por un promontorio de carga emocional, tan alto, que no podemos corresponder a Su abrazo. El proceso de desempacar las cargas emocionales llenas del daño infligido a nosotros y del que hemos infligido a otros (y a nosotros mismos) exige considerable faena emocional. Pero no podemos darnos por vencidos porque ese proceso de transformación significa mucho para nosotros en términos de paz y realización futuras. El Señor estará allí en cada paso animándonos y dándonos fuerza para proseguir, pero tendremos que hacer el doloroso trabajo de quitar las capas del cieno espiritual y entregárselas a Dios. El proceso lleva paciencia y aun en eso nos va a ayudar Dios. Filipenses 2.13 declara: ***«pues Dios es quien produce en ustedes tanto el querer como el hacer para que se cumpla su buena voluntad».*** (NVI) No solo nos da Dios las herramientas para la transformación, sino el deseo de hacerlo.

Terminé de restaurar la mesa de biblioteca ¡y era toda una belleza! El rico tono color café de la madera al natural resaltaba los detalles del roble tigre. La exquisita filigrana en las patas apenas se notaba hasta que se le quitó la pintura y ahora mostraba un elaborado diseño. Me maravillo de cómo ese proyecto de restauración reflejaba mi vida en el ambiente tóxico con mi madre. Hubo ocasiones que solo terminar el día era difícil ya que estaba tentada a tirar la toalla en cuanto a confiar en Dios; pero no podía porque significaba mucho para mí, así que seguí adelante. Y aparte, ¿dónde más podría acudir la ayuda que necesitaba en la vida? Me sentí como Pedro en el evangelio de Juan. Las enseñanzas de Jesús se habían vuelto un asunto espinoso, y muchos ***«le volvieron la espalda y ya no andaban con él».*** (6.66 NVI) Jesús les preguntó a Sus discípulos, ***«¿También ustedes quieren marcharse?».*** (v.67) Y fue Pedro quien le contestó: ***«Señor, ¿a quién iremos? Tú tienes palabras de vida eterna».*** (v.68)

Así que resolví ir paso a paso y confiar que Dios enderezaría la senda en la que estaba. Me propuse en mi corazón ser paciente con Su plan para mí. El Señor salió a mi ayuda de una forma poderosa. Pero antes que les cuente lo hermoso que me tenía reservado, tenemos que concentrarnos dónde estás en tu senda. Si te encuentras en la sala de espera de Dios preguntándote qué hacer, en vez de fijarte en tu dolor, acepta tu sanidad. Emplea los siguientes Pasos hacia el éxito. Luego presta mucha atención al trabajo del Señor en tu vida para restaurar lo que devoraron las langostas.

Pasos hacia el éxito: ¿Qué estás esperando que Dios haga en tu vida? Escribe tu petición y deja espacio para grabar Su respuesta. Está atento a Su participación en los pequeños detalles de la vida diaria y escribe estos refuerzos de fe en tu diario. Que te sirvan de recordatorio de que Dios está obrando en tu vida por cosas mayores y mejores.

Capítulo 7

El plan:
Jesús visto por el retrovisor

7

El sol se iba poniendo en el firmamento, permitiendo que entrara la luz otoñal por las persianas. El viento susurraba entre las hojas de arce justo fuera de la ventana de mi consultorio, lo que le imprimía un ritmo calmo a mi narrativa. Por ahora Donnetta se había deslizado cómodamente en el sofá, y escuchaba con atención como una alumna aplicada de recuperación. Apenas parpadeaba en lo que terminaba de contarle el maravilloso plan de Dios en medio de mi dolor.

De la oscuridad a la luz

«Jesús visto por el retrovisor» se llamaba el sermón que leí al abrir el boletín dominical. En más de 20 años de casados, esperaba siempre que mi esposo me asombrara. Pero esta vez la congregación entera estaba absorta con su singular prédica del plan de Dios para Su pueblo. Bruce explicaba que lo que percibimos de lo que ocurre en nuestro entorno al ir por la vida es desafiante y hasta intimidante. Desde el punto desde donde observamos por el parabrisas, vemos calamidad, aunque Dios sigue obrando. Más tarde, al volver a ver nuestras vidas por el retrovisor, somos capaces de ver el porvenir y la esperanza (Jeremías 29.11) que Dios llevaba entretejiendo desde el primer momento. Pero a veces las cosas pueden empeorar antes de mejorar.

Cuando niña, siempre esperaba que ocurriera lo malo e inevitable y así me sucedía. Justo cuando pensé que las cosas no podían ir peor, empeoraron. Los arrebatos de ira irracional de mi madre se volvieron más frecuentes y peores. Una tarde en lo que se alistaba para ir a trabajar, tuvo un arranque de ira que terminó en que nos echó de casa a mi hermana Bev y a mí: «Ya me harté», gritó. «Me ha tocado hacer todo en todos estos años. Llamen al desgraciado al que le dicen papá. Le toca dar la cara, pero apuesto a que ni siquiera viene por ustedes: ya van a ver la clase de basura que es. Y cuando regrese a casa ya no las quiero ver aquí».

No puedo expresar lo destrozada que estaba. Por muy malo que fuera mi hogar, era todo lo que conocía. Amaba a mi iglesia y necesitaba a mis amigos cristianos. Apenas faltaban unos meses para mi graduación y me encaminaba a graduarme con honores junto con mi amiga, Beth. Ella y yo estábamos planeando los discursos que daríamos en el último recreo. Luego, de un solo golpe, todo eso se derrumbó.

Mi papá apareció a medianoche para llevarnos, pero un poquito antes de que llegara, mi madre cambió de opinión. Decidió llamar a la policía y decirle que mi papá había llegado a raptarnos. Yo temblaba frente al carro patrulla, y le dije al policía lo que realmente ocurría. Él le aconsejó a mi papá «que se llevara a sus hijas de aquí». Después de lo que se volvió una de las noches más largas de mi vida, me alejaba casi 600 kilómetros del único lugar que me era conocido.

Sentí que Dios se había olvidado de mí. ¿Pues cómo podía permitir esto? En un momento vivía en Tennessee y en el otro estaba en Carolina del Norte, con una madrastra que solo había visto una vez y con una hermanita de cuya existencia apenas sabía. ¿Tuvo cuidado el Señor de lo que me estaba pasando? Desde donde lo veía, la vida que me esperaba era de miedo y desesperanza.

Más allá de lo esperado

Y aun en medio de mi temor sin fe, Dios estaba obrando. Durante los próximos días, mientras mi papá nos matriculaba en la escuela, intentaba lidiar con todos los cambios en mi vida. Mi hermanita Renee, a quien acababa de conocer, estaba más que encantada con respecto de tener hermanas mayores, especialmente gemelas. Intentaba ayudarnos lo más posible en traernos ganchos para colgar la ropa, en compartir todo lo que supiera alguien de séptimo grado sobre la preparatoria a la que asistiríamos y en familiarizarnos con los niños de la vecindad. Luego una mañana en lo que nos arreglábamos en el baño, ella pasaba por allí y de repente se paró a observar: —¿Pueden ponerme maquillaje? —dijo con su vocecita.

Todavía sin salir del asombro, acepté la distracción. Además, era muy bonita para decirle que no: —Solo tienes doce años. ¿Estás segura de que tu mamá está de acuerdo? —pregunté.

En tiempo récord, salió directo del baño, regresó y se quedó con nosotras, informándome que su mamá decía que sí: —De aquí no me voy, así que mamá dice que pueden practicar en mí.

Se sentó con paciencia en lo que le ponía sombras en los párpados. Luego como salido de la nada, ella dijo algo que tenía una entonación más de pregunta: —Mi papi dice que ustedes van a la iglesia. —No estoy segura por qué papá sabía que necesitábamos congregarnos, pero reconocía que la iglesia se había vuelto parte integral de nuestra vida en los últimos años.

—Claro que vamos a la iglesia —le respondí.

Se quedó como una estatua en lo que le combinaba una sombra de bronce para hacer resaltar los destellos en sus ojos. —Mi papi dice que les gusta la iglesia —agregó con ese tono como de pregunta.

—Sipi —respondió Bev, dándome una mirada inquisitiva y poniéndole fijador al cabello de la niña. —Nos gusta ir a la iglesia.

—¿Me llevarían con ustedes? —preguntó.

—Nos encantaría —le dije.

Entonces, con sus párpados con sombra muy abiertos hizo la pregunta de rigor: —¿Ustedes son cristianas?

Se me cayó la sombra. —Sí, ¿tú también? —le pregunté mirándole sus recién maquillados ojos.

Nos abrazamos con naturalidad al darnos cuenta de que no había nada más que decir. Había tanto que ya sabíamos de cada quien que las palabras sobraban. Así que las tres celebramos una antesala del cielo en ese pequeño baño.

Hicimos un acuerdo en ese momento para orar por nuestros padres cada día hasta que ellos vinieran a los pies de Cristo.

Cumpliendo nuestro pacto, nos poníamos nuestros trajes domingueros e íbamos a la iglesia cada semana. Invitábamos a nuestros padres cada vez que podíamos, y con tres de nosotras pidiéndoselos, no les quedaba mucha opción. Así que comenzaron a acompañarnos con más frecuencia.

Un encuentro divino en el campo de golf

Ese otoño, Bev y yo marchamos a la costa oeste a una institución cristiana, Azusa Pacific University. Allí tuvimos la oportunidad de pedirle a las personas que oraran por la salvación de nuestros padres, prácticamente a diario. Cuando terminó el año escolar volamos a casa para el verano.

Fue cerca del tiempo en que mi papá se dio cuenta de que a su hermano menor le habían diagnosticado cáncer pulmonar. Le dolió mucho enterarse. Pasamos muchos fines de semana viajando de Carolina del Norte a Georgia para que mi padre pudiera ver a su hermano. Y así observamos semana a semana cómo el cáncer vencía al tío Hugh.

El apremio de compartir al Señor con mi tío me consumía. No quería que muriera sin conocer que lo volvería a ver en el cielo. De modo que una tarde, a la salida del trabajo, acompañada de una taza de té dulce, le escribí una carta. Le explicaba a mi tío lo que Jesús significaba para mí y le decía que si aceptaba al Señor como su Salvador, sus hermanos (entre ellos mi papá) también lo harían. Sellé la carta con la convicción que había seguido lo que Dios me pedía, y con la esperanza que eso sería eficaz.

Unas semanas después, Betty, la esposa de mi tío, salió a recibirnos a la puerta. La salud de mi tío había empeorado pues no estaba muy consciente y ya no podía hablar. La tía Betty pidió verme en privado. Me sorprendí en medio de toda la actividad, pero parecía decidida a hablar conmigo.

—Linda, él recibió tu carta —dijo con su suave acento sureño en lo que nos apiñábamos en el baño principal cerca de la cama de su esposo—. No tienes que preocuparte por tu tío, cariño. El sacerdote vino y Hugh se puso a cuentas con el Señor. Ustedes volverán a verlo. —Nos abrazamos y lloramos lágrimas de tristeza de que él se iba apagando y lágrimas de gozo de que volveríamos a verlo.

Unas semanas después, sentada junto a mi papá en la iglesia episcopal en Rome, Georgia, para el funeral de mi tío, vi por única vez llorar a mi padre. Me dolía ver su pesar, y quería desesperadamente compartirle la esperanza que tuve sobre mi tío Hugh con él. «Pronto», escuché susurrar al Señor.

Pasaron varias semanas y me enfrasqué en alistarme para volver a la universidad, cuando sentí un toque del Señor una mañana para que tuviera una charla de corazón a corazón con mi papá. Con lo apretado de nuestros horarios y apenas dos días antes de tomar mi vuelo, no sabía qué iba a ocurrir. Aun así oré. Luego sonó el teléfono: —Hey, Lin. ¿Puedes venir a jugar golf conmigo? —preguntó mi papá. Aparentemente, él presentía que yo tenía algo que decirle.

—Claro que sí, papá, le dije en voz alta—: gracias, Señor, alcancé a susurrar.

Nunca he sido una buena golfista. Estoy convencida que cada campo en que juego tiene que llamar a un especialista para todos los huecos que creo. Y ese día no fue la excepción. Ya que mi cabeza no estaba en el juego, tenía cosas más importantes en mi mente: el alma eterna de mi papá. Al agarrar coraje con cada mal tiro, llegamos al noveno hoyo, saqué mi palo y vertí mi corazón.

—Papá, necesito hablar contigo.

—¿De qué se trata, princesita? —preguntó, en lo que le hacía un hoyo sin siquiera mirar. Siempre me sorprendió lo ágil que era mi papá en todo lo que se proponía.

Respiré profundo, abrí la boca, y después de un torrente de emoción lo solté: —Papi, me han timado. No te he tenido todos estos años y me he perdido bastante. Quería asegurarme de que te voy a tener conmigo siempre. —Mis palabras iban acompañadas de sollozos. El apremio del mensaje me había desbordado.

—Tranquilízate, amorcito —me pidió mi papá—; no te entiendo muy bien.

Oré en breve por paz y las palabras siguieron fluyendo: —El tío Hugh le dio su vida a Cristo unas semanas antes de morir. Así podré verlo de nuevo y quiero que también estés allí.

—Yo sé, princesita —dijo mi papá con convicción—; algo voy a hacer al respecto.

—¿De veras? ¿En serio? —Me costaba creer que este hombre independiente fuera fácil de convencer.

—Sí —respondió mi papá a las dos preguntas.

Inmediatamente pensé: «Bien, hagamos algo en este momento». Pero en el instante sentí que el Señor me detuvo. Ahora cuando el Señor me dice que hable, hablo. Pero cuando me dice que me calle, me cuesta. Pero aun así escogí hacerle caso en ese momento. Dejamos el juego de golf, me despedí de mi papá con un abrazo y él regresó al trabajo, y yo me dirigí a la oficina del pastor.

La esposa del pastor estaba en el escritorio de la recepcionista. Phyllis era una dulce dama, de voz suave y corazón compasivo. Le hablé del funeral de mi tío y de la conversación que acababa de tener en el campo de golf. —Mi papá está listo, —le dije—. Yo sé que si el pastor Gales habla con él, le daría su corazón al Señor.

—No te preocupes, cariño. Le diré al pastor lo que me contaste. —Y así fue.

Tres semanas después de que comenzara el semestre, mi hermana y yo recibimos una carta de casa. Mi madrastra era buena en tenernos al día con las noticias de la familia: «Su hermanita está tomando clases de buceo. Las rosas Sr. Lincoln se ven bellas al florecer. Y a propósito, el pastor vino a visitarnos y tu papá y yo le dimos nuestro corazón a Cristo». Lo dijo con tanto aplomo que lo leí varias veces hasta que lo asimilé. Al poder lograrlo, salimos gritándole la buena nueva a cualquier desconocido en todo el recinto.

«Mis papás aceptaron a Cristo». No podía haber un mejor lugar para recibir una noticia así que en un recinto universitario con un montón de entusiastas alumnos cristianos. Incluso desconocidos nos abrazaban y lloraban. En un instante, Dios respondió mis plegarias. Mis padres conocieron a Jesús e irían al cielo conmigo.

Dios siempre estuvo obrando; simplemente no podía ver el proceso. Pero ahora Su plan era evidente al observar lo que había ocurrido por el retrovisor.

Momentos monumentales

—Eso estuvo cool —dijo Donnetta, en lo que alcanzaba un pañuelo y me lo pasaba—. He estado tan atareada y enojada con Dios que no he tenido tiempo para ver por el retrovisor. Solo me subí a un árbol del disgusto y le pedí a Dios que no me dirigiera ni una palabra.

—Yo ya pasé por eso, y tampoco me funcionó, —le contesté, en lo que nos reímos por su franco mensaje.

—Dímelo a mí —respondió.

—Así que lo único que podemos hacer es confiar en Él y estar atentos al retrovisor. H. William Webb-Pepbe dijo: «No intentes sostener la mano de Dios; deja que Él sostenga la tuya. Deja que Él te sostenga y que tú confíes».

—Bueno, es la mejor elección hasta el momento. Nada más me ha funcionado —dijo Donnetta, en son de resignación.

—Recuerda que en el Antiguo Testamento, — continué enseñándole—: Cuando Dios hacía algo memorable o milagroso para los hijos de Israel y luego les ordenaba que erigieran un monumento para conmemorar el evento. Pienso que es una herramienta de formación de fe llevar un registro de los momentos prodigiosos en nuestra vida cuando vemos la mano de ayuda y esperanza de Dios. A lo mejor no podemos ver cómo Dios va a darnos un plan mientras estamos en medio de la prueba, pero la retrospectiva nos muestra que Él manejaba las cosas en todo momento. Romanos 8.28 en la versión Dios habla hoy dice: ***«Sabemos que Dios dispone todas las cosas para el bien de quienes lo aman, a los cuales él ha llamado de acuerdo con su propósito».***

Llevo un diario especial donde apunto todo lo que Dios ha hecho y cuando añado algo, puedo pasar cierto tiempo revisando bendiciones anteriores en la lista y mi confianza se ve de nuevo fortalecida. El Señor quería que Su pueblo erigiera un momento para que no olvidaran Su bondad y provisión. Apuntamos en nuestro diario esos Momentos monumentales por el mismo motivo. Donnetta Jean, quiero que te sientes con tu diario, un bolígrafo y un tazón de tu té favorito.

—¿Un tazón? —sonrió.

—Sí. Te va a llevar un buen rato. Ver hacia atrás en el panorama de tu vida y reconocer el cuidado de Dios en lo que miras por el retrovisor.

Pasos hacia el éxito: Apunta en tu diario esos Momentos monumentales, cuando puedas reflexionar sobre la mano de Dios en acción, al elaborar un tapiz por lo bueno en tu vida. En particular, apunta esas vivencias que no parecían que iban a tener un buen pronóstico cuando las atravesabas, pero que resultaron ser de prodigio a la larga.

Capítulo 8

El perdón:
El poder sanador del perdón

8

Donnetta entró corriendo sonrojada y jadeante. Después de que abrió la puerta de golpe para acomodar a Charlie, quien iba empacadito como un explorador del ártico, una ráfaga de viento fresco entró con ella.

—Disculpa que estoy tarde —dijo Donnetta en lo que desenvolvía capa por capa a su sonrosado querubín. Charlie jugaba pacíficamente con el borde de su gorra y se intentaba quitar su chaqueta de bombero.

—Dios te ha dado un niño tan obediente —le dije en lo que ella le daba un juego de llaves de carro de juguete para que se entretuviera. Charlie agarró las llaves y comenzó a hacer ruidos de carro—. Es listo también. Escucha. Está imitando el ronroneo de un motor de auto. Ya captó la relación entre las llaves al arranque de un vehículo.

—Es inteligente, como su mamá —comenté.

—Es interesante que digas eso. Vine tarde porque investigué en línea programas de estudio universitarios. Sigues diciendo que soy lista e intento creerte. Así que pensé que vería lo que está disponible en cuanto a educación.

—Pienso que es fantástico. Te encanta el estudio y pienso que te va a ir bien. ¿Qué carrera quieres estudiar?

—El programa de asistente dental es de solo dos años y tiene bastante ciencia que pienso que sería interesante. Comienzo a darme cuenta de que para que yo gane para Charlie, necesito una carrera y no solo un empleo. Algunos programas ofrecen guardería y todo.

—No solo eres lista, sino que prudente también. Pareces tener buen juicio y ya te veo como una eficaz asistente dental. Estoy contenta de que busques tu porvenir —afirmé.

—Sé que me va a ayudar a cubrir mis necesidades y las de Charlie en el futuro, pero en realidad será fantástico alejarme de mi papá. Linda, espero y ruego que Charlie nunca opine de mí lo que yo de mi familia.

—Es interesante que digas eso porque de allí se pasa a la próxima capa de la cebolla emocional que necesitamos pelar.

—Claro, y cada vez que le quito una capa a la cebolla, ¡lloro! —bromeó Donnetta.

—Sabes que poner a la gente a llorar es mi don espiritual, —le dije bromeando.

—Y lo haces bien —bromeó ella.

—Donnetta Jean, mientras de más carga te liberes, mejor será para ti y tu niño. Señalé a Charlie con el dedo, quien gateaba con su manta encima y alternaba entre mascar un jeep de juguete y hacer ruidos de motor. Sus bellísimos ojos enmarcados en rizos abundantes derretían el corazón de cualquier madre.

—Haría lo que fuera por no transmitirle la experiencia de mi hogar disfuncional a mi precioso niño —confesó Donnetta al estirarse y besar la hermosa mejilla de su bebé. Sonrió con deleite al continuar lanzando besos a las mejillas del niño y nos carcajeamos al ver divertirse a Charlie.

—Siempre valoro tu voluntad de crecer. Que Dios te premie por ello.

—Ya lo está haciendo —respondió Donnetta—. Cada día me siento más cerca de Dios. Ya no siento que Él sea un destructor cósmico. Siento que vela por mí y se siente bien.

—Donnetta, ¿qué hay si te dijera que conozco una forma de evitar que tu padre te afecte tanto, que mueva tus hilos?

—Él de veras mueve mis hilos, ¿o no? Creo que estoy algo obsesionada.

—Es una paradoja, pero si está en tu corazón perdonarlo, su control sobre ti se aflojará.

Retorciéndose en su asiento, Donnetta protestó:
—Al ir creciendo en la iglesia, oí muchos sermones sobre el perdón que pensé que si un predicador más decía «Solo perdona y olvida», gritaría. ¿Cómo puedo perdonarlo si sigue ofendiéndome?

—No puedo prometer que no voy a darte un sermón, —le agregué con una sonrisa, intentando comunicarle que estaba de su lado—, pero creo que la gente que dice «perdona y olvida» no ha tenido mucho que perdonar. En primero de Samuel se nos enseña a perdonar y a fijar límites, pero antes de que te predique mi sermón de Samuel, quisiera compartirte algunas cosas que cambian vidas que aprendí en mi senda al perdón y que podrían contestar tus preguntas.

—Sé que suena horrendo, Linda, pero no creo que mi papá merezca perdón, y no sé si estoy lista para dárselo, tampoco.

—Pienso que estás lista para intentarlo. Cuando despediste a tu papá, soltaste todas las expectativas de él en cuanto a ser un padre de apoyo en el presente, aunque nada se ha hecho sobre el dolor y las heridas que sufriste en el pasado. Eso te ha dejado arrastrando un bagaje emocional lleno de resentimiento. Mi antiguo pastor solía decir: «El resentimiento hace más para dañar el envase en el que está almacenado que el objeto en el que es vertido». Se puede tirar esa carga y ser libre. Tu renovada confianza en Cristo te fortalecerá. Él te acompañará en el proceso y te dará las fuerzas.

—No me has orientado mal hasta el momento, así que sigo escuchando —respondió Donnetta. Ella tenía dudas, pero buscaba.

Libertad en el perdón

En Efesios 4.32, veamos a lo que el apóstol Pablo nos insta: ***«Más bien, sean bondadosos y compasivos unos con otros, y perdónense mutuamente, así como Dios los perdonó a ustedes en Cristo».*** (NVI) Vaya tarea difícil que solo puede suscitar el poder del Espíritu Santo, pero ¿qué hay si eres como Donnetta Jean y no sientes que quien te hirió merezca ser perdonado? El

Señor me habló sobre esta misma inquietud a través de una dama noble y gentil de nombre Iris, quien le habló a nuestro grupo en la iglesia. Iris le confió a nuestras damas el abuso sexual que sufrió a manos de su padre biológico y declaró que «El resentimiento no enmienda a quien te lastimó, solo te vuelve libre». Esa profunda declaración me lanzó en mi senda de perdón hacia mi madre. Como recién convertida, quería complacer a Dios pero en perdonar el abuso de mi madre Dios parecía pedirme demasiado. Tal como Donnetta, tenía dudas, pero buscaba. Así que abrí la Biblia para ver lo que Dios tenía que decirme.

En el libro de Mateo, leí las palabras de Jesús: ***«Porque, si perdonan a otros sus ofensas, también los perdonará a ustedes su Padre celestial. Pero, si no perdonan a otros sus ofensas, tampoco su Padre les perdonará a ustedes las suyas».*** (6.14–15 NVI) Qué duro, pensé, hasta que leí lo que Richard Foster tenía que decir sobre el versículo.

En su libro ***La Oración: Verdadero refugio del alma,*** Foster pregunta: «¿Por qué esto es así? No es que Dios nos dé de mala gana Su perdón, ni es que sea tan difícil de obtener el perdón de Dios de manera que debamos comprobar buena fe al mostrar lo bien que podemos perdonar a otros primero. No, para nada. Es simplemente que por la misma naturaleza del orden de lo creado debemos dar a fin de recibir. No puedo, por ejemplo, recibir amor si no doy amor. Las personas pueden intentar ofrecer amor, pero si el resentimiento y la vengatividad llenan mi corazón, sus ofertas no me interesan, me resbalan. Si tengo cerrados los puños y mis brazos cruzados, difícilmente podré sostener algo.

Pero una vez que doy amor, soy candidato para recibir amor. Una vez que abro las manos, puedo recibir. Como decía San Agustín: «Dios da en donde encuentra manos vacías».

En *Mood Swings* (Cambios de ánimo), los autores Arterburn Minirth y Meier proponen un entendimiento aun más profundo: «Escoger no perdonar les permite a otros continuar con su abuso ya que revivimos sin cesar sus ofensas».

Lecciones de vida de Bubba, el campirano

La verdad me llegó a través de, quién lo diría, un programa de televisión, *The New Candid Camera* (La nueva cámara oculta). Me paseaba por la sala cuando vi en la pantalla a un rústico hombre corpulento con mechones de pelo oscuro, una barriga de cerveza, y si tuviera un nombre impreso en la hebilla de su cinturón, diría: Bubba. En ese momento sentí que el Señor, con una advertencia a mi mente, me susurraba: «Presta atención, Linda. Que aquí vas a aprender algo».

El anfitrión describía la escena. Había un rótulo colocado en la caja registradora de una tienda que decía: «No damos cambio». Había una cámara oculta que grababa las respuestas de la gente a quien le incomodaba la broma. Primero una mujer de mediana edad llegó y puso varios artículos en el mostrador. El anfitrión, haciéndose pasar por cajero, señaló trece dólares y centavos. La señora le dio un billete de 20 dólares y el actor que hacía de empleado lo metió a la registradora y cerró la gaveta. Bastante molesta, la señora le dijo: —Creo que me debe cambio.

—Señora, lea bien el rótulo —le dijo el cajero—. No damos cambio. Al canal le tocó censurar las airadas protestas de la señora.

Luego llegó Bubba al mostrador, puso sus compras que ascendían a cinco dólares y centavos. Él también dio un billete de veinte. El cajero actor una vez más metió el billete en la caja registradora y cerró la gaveta. Bubba intervino: —Oye, creo que me debes dinero.

—Lee el rótulo, compadre. No damos cambio.

Bubba se dio media vuelta y se dirigió a la salida de la tienda. El cajero saltó desde detrás del mostrador y lo alcanzó, le tocó el hombro y le preguntó: —Mira, te debemos un poco de plata. ¿Por qué te vas? Jamás olvidaré la respuesta de Bubba, en lo que hurgaba en su bolsillo buscando sus llaves: «Mira, hace tiempo decidí que no le alquilo espacio en mi cabeza a nadie».

En ese momento, me di cuenta de que le alquilo espacio en mi cabeza a demasiadas personas que ¡apenas me producen! Los autores de ***Mastering Your Moods*** (Domina tus estados de ánimo) tenían razón. Yo estaba perpetuando el abuso al meditar sobre el resentimiento una y otra vez. Aprendí en la terapia de recuperación que «El resentimiento soy yo bebiendo veneno y esperando que tú mueras». Cuando dejé de beber del pozo tóxico de la amargura y de la autoconmiseración, tuve espacio para sanidad y paz. Lo que aprendí sobre el perdón, pude pasárselo a Donnetta.

Como yo, Donnetta Jean tuvo que dejar de alquilar espacio en su cabeza al resentimiento. Escoger soltar su amargura no le dio legitimidad al comportamiento de su padre. Él todavía tendría que enfrentarse a Dios por sus actos. Solo la retiró de la posición de juez y le dejó ese trabajo a Jesús quien estaba mucho mejor calificado. No estaba obsesionándose por las ofensas de su papá, se podía meter en sus zapatos para entender mejor lo que lo hacía ser como era. Su padre era un borracho cruel, intolerante y abusivo que con frecuencia le pegaba. El papá de Donnetta nunca aprendió a amar de su propio padre, así que no supo transmitirle eso a su hija. Al perdonar, Donnetta estaba escogiendo impedir que el ciclo de maltrato continuara afectando a sus nietos. Dejaba espacio en su cabeza para considerar toda la bondad y provisión de Dios.

¿Perdón y olvido?

Donnetta estaba convencida de que perdonar sería bastante difícil; no sabía si podría lograrlo. Qué alivio fue para ella descubrir que esto no era un mandato. La Biblia nos lo dice en una porción de la vida de David, a quien se le llamó un hombre conforme al corazón de Dios. La escena aparece en 1 Samuel 24 en donde David huye de Saúl. En tiempos pasados, Saúl había sido como un padre para David, pero ahora a causa de los celos, Saúl intentaba matarlo. En lo que David huía, más y más inadaptados se agregaron a sus filas. Él y seiscientos hombres buscaron refugio en las cuevas de cabras de En Gedi.

Saúl, que iba tras David, entró a la caverna para hacer sus necesidades. Y justo allí en el versículo 3, lo puedes leer tú mismo. Los hombres de David le informaron: ***«Yo pondré a tu enemigo en tus manos, para que hagas con él lo que mejor te parezca».*** (1 Samuel 24.4a NVI) David sigilosamente cortó el borde de parte del manto de Saúl. Luego le remordió la conciencia y se dio cuenta de que no podía matar a Saúl, el rey ungido de Jehová.

Puedo verlo en mi mente. Saúl sale de la cueva, David y sus hombres hacen fila tras él: —¿Tú, Saúl conoces esto? —Puedo oír a David gritar—: Pude haberte cortado la garganta. Estuve así de cerca, —se jacta, sosteniendo la prenda— «pero no pensé que esto sería agradable a Dios. —Luego David comienza un discurso apasionado en donde incluso se refiere a Saúl como su «padre». Puedes imaginarte la confusión y frustración que llenaba la cabeza del fugitivo. «Con Dios por testigo, Saúl, no sé cuál es tu pleito conmigo, maté a un gigante por ti, combatí ferozmente a tu lado. Incluso toqué mi arpa para calmar tu alma exhausta».

Por último, David dice: ***«Yo no intento hacerle mal ni traicionarlo. Usted, sin embargo, me persigue para quitarme la vida. ¡Que el Señor juzgue entre nosotros dos! ¡Y que el Señor me vengue de usted! Pero mi mano no se alzará contra usted».*** (v.11–12 NVI)

Saúl le responde: —Tienes razón y yo estoy equivocado. Tú eres bueno y yo soy malo.

David no dijo: —Todo está bien, Saúl. Simplemente olvidemos lo de tu maltrato y regresa al palacio. Vamos a cazar y pescar juntos. Tocaré mi arpa para ti y todo será de maravilla. —David sabía que el corazón de Saúl no había cambiado. Creo que Dios mismo le impartió esa sabiduría a Su siervo David, y seguramente, dos capítulos después Saúl está intentando volver a matar a David.

La verdad transformadora de este pasaje, que se encuentra en el último versículo del capítulo, es tan sutil que podría pasar inadvertida si no le prestas atención. La última oración en 1 Samuel

24.22b dice: *«Y después Saúl regresó a su palacio, en tanto que David y los suyos se fueron a la fortaleza».* (DHH)

David no eliminó a su agresor aun cuando tuvo la oportunidad y sus tropas lo incitaban. No permitió que el odio por Saúl lo consumiera al punto que construyera un muñeco de vudú de Saúl para acuchillarlo cada vez que se sintiera vengativo. Pero tampoco se apresuró a regresar al palacio y a posicionarse para que lo decepcionara de nuevo su celosa figura paternal, Saúl. Encuentro interesante que la versión Nueva Valera Contemporánea utiliza la palabra fortaleza para describir las rocas de En Gedi. Creo que esas cuevas representaban una fortaleza tanto emocional como físicamente para David.

Vemos que no se trata de «perdón y olvido». Es «perdonar y fijar límites». Fijar límites exige que mantengamos una distancia saludable de nuestros agresores y que pasemos tiempo con el Señor. Nos dará fuerza para hablar con quienes nos acosan o nos dará cuero duro para ignorarlos. Como David, nos retiramos a nuestra fortaleza, nos distanciamos del daño e invertimos en el fortalecimiento que obtenemos de buscar a Dios.

Mientras más entendía Donnetta sobre su recuperación, más se daba cuenta de que tenía que mudarse. En lugar de sentirse atrapada al quedarse en el hogar de sus padres, se sintió decidida a encontrar una salida. Estar cerca de su padre le dificultaba continuar sanando de su abuso emocional. Ya lo había despedido de su rol de papá (véase el capítulo 2). Eso la liberaba de esperar que él fuera un apoyo emocional para ella en el presente; perdonarlo la liberaba de acarrear por todas partes el dolor del pasado. En el presente decidió a diario hacer una vida diferente que cualesquiera de sus padres. Y ahora en lugar de estar absorta en el dolor, pasaría ese tiempo en oración para romper el ciclo del maltrato.

Ten piedad de mí

En lo que analizábamos el perdón, me sentí impulsada a compartir con Donnetta que la persona a la que más necesitaba perdonar estaba allí en su silla. Como reacción al maltrato de su papá, ella hizo malas elecciones para ella misma. En todo el tiempo que se portó mal, ella se decía que sabía lo mejor, pero lo hizo de todas maneras. Eso la dejó sintiéndose tonta y avergonzada. A menos que soltara esa carga y se perdonara, Satanás utilizaría esa culpa durante el resto de su vida para impedirle que alcanzara su máximo potencial para el reino de Dios. Miqueas 6.8a nos enseña: ***«¡Ya se te ha declarado lo que es bueno! Ya se te ha dicho lo que de ti espera el Señor: practicar la justicia, amar la misericordia y humillarte ante tu Dios».*** (NVI) El Señor quiere que seamos clementes con nosotros mismos. Después de todo, Él lo es con nosotros, como si una mujer se dejara crecer el bigote en el momento en que su esposo pierde la vista y ¡por lo tanto no lo vería! Considero eso bastante misericordioso, ¿o no? yo decía.

Dios se mueve en la transformación

Donnetta descubrió que tenía que hacer las paces con Dios y perdonarlo también. A Él se le culpa de un montón de las cosas que hacemos recaer sobre nosotros. Pero si descubrimos que estamos enojados, que la vida no marcha como planeamos, entonces necesitamos bajar del árbol del disgusto y dejar de decirle a Dios que no nos dirija la palabra. Tenemos que dejarlo libre de culpa o nos distanciaremos del único que en verdad puede ayudarnos. Cuando hacemos las paces con Él, descubrimos que el bien nuestro es Su máxima prioridad.

De todo lo que aprendí sobre el perdón, lo que más quería que entendiera Donnetta Jean era el significado de reconocer la restauración de Dios. Eso se me ilustró una tarde en lo que escuchaba, en mi sala, a una dama nueva en la iglesia, compartir su historia. La vida de maltrato y de abandono de Sarah Ann hacía que mi vida sonara como la escuela dominical en comparación. Al llorar y orar juntas, levantó la vista del pañuelo e hizo una observación que me devolvió de golpe a la realidad. Sarah Ann dijo: «Estoy tan contenta de que hayas sufrido dolor en tu vida, Linda, porque sé que puedes entender por lo que he pasado. Nunca he sido capaz de compartir esto con otro cristiano antes, mucho menos con una pastora, pero puedo decirte todas estas barbaridades porque sé que lo entenderías».

Después que ella se fue, por primera vez en mi vida, me arrodillé y le agradecí a Dios por mi dolor. Le agradecí por la empatía que tenía por Sarah Ann y por muchas otras porque sí que lo entendía. Y la bendición de ayudar a otras personas a acercarse a la vida abundante que Dios tiene para ellas, hace que no solo se llene sino que rebalse mi tanque. No cambiaría mi dolor por un camino fácil porque todo eso me ha enseñado. Sabía que algún día Donnetta se sentiría lo mismo, pero primero teníamos que soltar ciertas cargas indeseadas.

Descargar las heridas

—Donnetta, si quieres salir adelante en la vida, si quieres seguir creciendo en tu caminar cristiano, entonces tengo una tarea para que te ayudes en este proceso del perdón.

—Después de oír hablar de Bubba, no sé qué vayas a decir que supere eso —dijo con una sonrisita nerviosa.

—Vamos a tener que escribir más, pero en esta vez será en forma de carta.

—¿A quién le voy a escribir? —preguntó Donnetta.

—A tu papá. —Donnetta puso sus ojos en blanco y se endureció.

—Antes de que te adentres en tu desgracia, necesito decirte que papá nunca leerá la carta. De esa forma puedes ser lo más honesta que quieras.

—¿Cómo va a ayudarle que nunca la lea? —preguntó intentando no sonar molesta.

—La carta te beneficia a ti. Vas a traerla de nuevo aquí y con la guía de Dios, procesaremos lo que has escrito para ayudarte a perdonar a tu padre y soltar la carga del que espera.

—¿Solo así? Parece muy fácil.

—Es porque no has escrito la carta, —le confesé—. Antes de que la escribas, quiero que le pidas en serio a Dios que te revele cada pizca de resentimiento que has guardado en todos los rincones de tu corazón. Luego toma una libreta, papel, una taza de café y aparta un par de horas sin interrupciones para vertir tu dolor en la página.

—¿Eres diestra o zurda? —le pregunté.

—Diestra. ¿Por qué? —preguntó Donnetta—. Quiero que comiences a escribir tu carta con la mano izquierda. Los expertos dicen que te ayuda a acceder al lado derecho del cerebro, donde tenemos acceso fácil a las emociones. Pero he descubierto que ayuda a que las personas entren en contacto con la vulnerabilidad que sienten en sus primeros años. En lo que escribes sobre situaciones que ocurrieron al volverte mayor, puedes cambiar y utilizar tu mano derecha. La carta a tu papá necesita ser tan minuciosa como te sea posible.

—Haré lo mejor que pueda —suspiró Donnetta.

Sé que lo harás y no aguanto ver lo que el Señor hará con tu dispuesto corazón.

Pasos hacia el éxito: Ahora es tu turno de soltar la carga de amargura que ha alquilado espacio en tu cabeza durante mucho tiempo. Aparta un tiempo dentro de dos días a partir de hoy para sentarte en quietud con el Señor y escribir. Ora en los días anteriores para que Dios traiga a tu memoria todos los daños que te traumatizaron. Siéntate con una taza de té o café y dispón de una hora o más sin interrupciones. Como Donnetta Jean, escribe una extensa y minuciosa carta a tu agresor. No te reprimas. Saca todo tu resentimiento y frustración. El próximo capítulo te mostrará qué hacer con lo que has escrito.

Capítulo 9

La provisión: Soltar la carga emocional

9

—Mi mamá cuidó a Charlie hoy porque tenía que ir a matricularme para estudiar —comentó Donnetta, los ojos bailándole en lo que se acomodaba en mi sofá.

—¡Felicidades! ¡Qué orgullo! —sonreí.

—Y eso no es todo —me informó, apenas conteniendo su emoción—. Después de que me fui de aquí, me fui a casa y llamé a la universidad. La mujer que me atendió al teléfono, dijo que las clases comenzaban en tres semanas y que este era el último día para matricularse. El costo es de $150 y se vence hoy. Linda, tengo $150 dólares extra que la tía de mi exesposo me dio para mi cumpleaños. ¿Puedes creerlo?

—En realidad, sí, porque creo que Dios te apoya.

—Me es difícil dudar cuando pasan cosas así.

—Me gusta saberlo amiga, porque creo que tiene muchas bendiciones para ti. Recuerda que nuestra meta cuando comenzamos era quitar del rostro de Dios la cara de papá. Eso se vuelve más fácil cuando ves que Dios cuida de ti ¿o no?

—Claro. No lo podía haber planeado mejor. Es tan perfecto como para que sea coincidencia. Esto tiene que venir de Dios —contestó Donnetta.

—Estoy totalmente de acuerdo. Creo que hay otra cosa de Dios para ti hoy. Vamos a limpiar el reguero que bloquea tu conexión con Él. ¿Terminaste de escribir la carta a papá de la que hablamos al final de nuestra última terapia?

—Sí —informó ella, respirando hondo—. Tenías razón. Cuando escribí con la mano izquierda me sentí tan vulnerable. Era esa chica frágil de nuevo, sintiéndome sola y falta de amor. Fue difícil, pero estoy contenta de que voy a mantenerme ocupada estudiando para no tener que alquilar espacio en mi cabeza con toda esta chatarra hasta que pudiera venir aquí y hacer algo al respecto.

—Bueno pongamos manos a la obra. ¿Me la lees por favor? —le pedí.

—¿Tengo que leértela?

—Tu reacción a la información al leerla es el catalizador para el trabajo que tendrá lugar aquí hoy.

—Ya derramé bastantes lágrimas al escribirla. ¿Qué pasaría si no me quedan emociones para procesarlo todo?

—Dejaremos que el Señor se preocupe por eso. Él parece estar resolviendo muy bien las cosas últimamente, ¿no te parece?

—No te lo disputo, Linda —me dijo Donnetta con cierto tono de duda en su voz—. Me cuesta leer la parte que escribí con la mano izquierda pero aquí va.

La «carta de liberación»

> Querido papá:
>
> Siempre quise llamarte papi pero nunca lo fuiste. Recuerdo necesitar desesperadamente que me sentaras en tus piernas y me hicieras sentir especial. Ni siquiera recuerdo que eso ocurriera. Cuando cumplí quince años fue cuando mamá me llevó a que me tomaran la foto y me sentía muy bella vestida con flecos rosados, con mi cabello lleno de rizos y trenzas. Entonces pasamos por el taller cuando salíamos y mamá dijo:

«¿No quedó bella Donnetta Jean, Don?».

Tenías tal gesto de desprecio en la cara cuando te reíste y dijiste: «Bonita para ser una liebre. Si dejara de chuparse el pulgar como una bebé grande, entonces se vería como una liebre dentona».

Quedé destrozada. Y desde entonces no me he sentido bonita. Me enseñaste que no podía confiar en mí. Pensaba que era una belleza, pero me hiciste sentir como un estorbo. Y luego le dijiste a mamá que fuera a hacer lo que hacen las mujeres y que dejara de ocupar tanto espacio en el taller porque tenías cosas importantes que hacer. Supe desde entonces que nunca estaría a la altura de tus expectativas, pero eso no me impidió intentarlo.

Al cumplir 10 años, gané el concurso de ortografía para todos los grados de mi nivel. Pero no llegaste a la escuela a la ceremonia de premiación. Supe que le dijiste a mamá que no importaba si yo deletreaba bien porque mi destino era estar en casa y atender a un hombre y sus niños. Nunca volví a mencionarte otro galardón académico.

Cuando Andy comenzó a molestarme, quería decírtelo pero tenía miedo. Supuse que me gritarías y me harías culpable y eso

> me hizo sentir enferma por dentro. Pasaba bajo la ducha horas intentando volver a sentirme limpia. Quería con desesperación sentir que alguien me protegía de él. Y ese alguien debiste haber sido tú, papá.

Las lágrimas seguían escurriendo de los ojos de Donnetta cuando leyó el último renglón. Era difícil no rescatarla, pero yo sabía que sentir el dolor era el primer paso necesario para pelar las capas de dolor. —Fue aquí cuando comencé a escribir con mi mano derecha —me contó; le di un pañuelo y le hice señas de que continuara.

> Llegué a odiarte por ponernos en fila en la sala y darle a toda la familia tus discursos santurrones sobre cómo nos iríamos al infierno porque ya nadie tenía buenos modales o sobre cómo Dios odia a los holgazanes. Se me revolvían las entrañas porque sabía que tenía tareas que hacer pero debía "ser respetuosa" y quedarme a escuchar hasta que terminaras ya que eras la cabeza de la familia. Te aseguraste de que no lo olvidáramos.
>
> Te burlaste de mí en mi primer período al pedirle a mamá toallas sanitarias. Dijiste que era la maldición de la mujer por ser tan estúpida de caer en las mentiras de Satanás al comer la manzana y entonces utilizar las asechanzas femeninas para

engañar al hombre. Me sentí emocionada y femenina hasta que interviniste. ¿Cómo pudiste lograr arruinarlo todo, papá?

Llegó el día en que Misty murió. Esa gatita se subió a mi regazo tantas veces para consolarme y ahora estaba deshecha a media calle. Apenas podía respirar pues me sentía tan destrozada que creí derrumbarme. Fuiste tan frío e indiferente. No sentiste lástima por mí ni por esa inocente criatura que nunca te dañó ni a nadie. Cuando me dijiste que Dios había permitido que Misty muriera para lastimarme, renuncié a ti y a Dios en ese momento y lugar.

Cometí un montón de errores al huir de Dios, pero la mayoría fue para incomodarte papá. No pensaba que te merecías una buena niña pues te habrías jactado que era buena debido a ti, pero la verdad es que lo bueno que logré fue a pesar de ti. Así que hice cosas tontas y terminé sintiéndome como un trapo sucio. Luego me metí en malos pasos y terminé con Eric, quien terminó por confirmarme mi poca valía.

El vivir contigo papá es una pesadilla. Tengo tanto miedo que se le pegue lo tuyo a Charlie y no quiero que se te parezca en nada. Tengo miedo de intentar nuevas cosas por temor a fracasar y darte la razón, que no sirvo y que no soy digna de ser amada. Tengo miedo de involucrarme con un hombre de nuevo porque Eric se te parece tanto y con dos veces basta. Estoy harta de sentirme estancada y le ruego a Dios que me saque de aquí. Quizá Él haga lo mismo por ti, papá».

He dicho,

Donnetta

Secándose los ojos, me extendió la carta. — Cuando dije «minuciosa» lo tomaste en serio, ¿verdad? —Hice la observación para validar la dura labor que había hecho para encontrarse con sus sentimientos—. Donnetta, Jesús le preguntó a un paralítico en el estanque de Betesda si quería ser sanado; una pregunta inusual dirigida a un paralítico de nacimiento, especialmente si este se quejaba de que no podía entrar al estanque cuando se agitaba el agua curativa. Pienso que Jesús sabía que si el hombre había anhelado ser sanado durante años podría haber encontrado una forma en que ocurriera. Así que le preguntó al hombre: «¿Estás listo para soltar lo que te está paralizando?», y esa misma pregunta te hago hoy. Es tan fácil encerrarnos en nuestro dolor y dejar que nos defina: de ese modo somos víctimas, no vencedores, mas eso cambia cuando aceptamos Su poder sanador: ¿Estás lista para ser sanada?

—Linda, estoy harta de estar harta. Así que supongo que eso significa que sí, pero he cargado con este dolor toda la vida y no sé qué podamos hacer para que desaparezca.

Oración de sanidad

—Llevémoslo en oración al Señor; ¿estamos?

Le pedí a Donetta que se pusiera lo más cómoda posible. —Acomoda los cojines a tu espalda y voy a darte unos pañuelos en caso que tengas que llorar. No quiero que interrumpas el flujo del Espíritu Santo para secarte las lágrimas.

—¡Magnífico! Así que estás planeando que llore como una bebé.

—Estoy planeando que Dios quite algunas capas de dolor y a veces es justo como con una cebolla: quitamos una capa y lloramos. —Intenté calmarla con una sonrisa—. Voy a comenzar. Después te diré cómo reaccionar cuando sea el momento. —Con eso incliné el rostro y Donnetta Jean también.

«Señor, te agradezco por haber traído a Donnetta aquí y te alabo por tu poder transformador. Venimos a ti en este momento pidiéndote que sanes el dolor del pasado que incide en el presente. Tú dijiste, Padre, que conoceríamos la verdad y que la verdad nos haría libres. También dijiste que nos enviarías al Espíritu Santo y que

Él nos guiaría a la verdad. Así que invitamos la presencia de Tu Espíritu Santo a esta habitación en este momento».

—Donnetta, quiero que sientas al Espíritu Santo descender desde tu frente. Siente Su calidez entrar y la tensión en tus sienes drenarse por tus mejillas. A medida que escurre el estrés, siente tus ojos relajarse y que se te ponen en blanco. Siente que tu quijada se afloja de sus coyunturas. Siente que cae tu mentón al pecho en lo que sientes todo el estrés de tu rostro bajar por tus mejillas y salir por el extremo de tu mentón.

Ahora siente la calidez de Su presencia descender por la parte de atrás de tu cabeza, tu cuello y tus hombros. Siente que toda la tensión en tu cuello y hombros pasa a tus brazos y sale por la punta de tus codos. Siente el hálito de Su presencia llenar tus pulmones y exhala toda tensión y presión que sientas. Deja que el resto de la tensión de tus brazos fluya a tus antebrazos y escurra por el extremo de las yemas de tus dedos como gotas de cera de vela que se derriten por tus brazos llevándose la tensión y el estrés con ella.

Ahora siente al Espíritu en lo que baja por tu garganta, tu pecho y tu intestino. Siéntelo empujar el estrés fuera de tu pecho en lo que se aloja Su presencia. Siente toda rigidez allí desplazarse al sofá. Siente el aire que inhalan tus pulmones y siente igual cuando lo exhalan.

Ahora siente al Espíritu moverse desde tus muslos hacia tus espinillas. Siente que la tensión de tus piernas es expulsada cuando la calidez del Espíritu Santo toma su lugar. Siente todo estrés residual salir por los dedos de tus pies.

Ahora quiero que veas a tu mente como una pantalla gigante de computadora frente a ti, saturada de rostros e imágenes. Uno por uno, quiero que proyectes esos rostros e imágenes en las nubes grandes que cual copos de algodón flotan por tu cabeza. Quiero que veas el rostro sonriente de Charlie; se ríe en lo que muerde a su osito de peluche. Ahora quiero que lo proyectes a una nube esponjosa y veas cómo ríe con regocijo y asciende al cielo.

Ahora quiero que veas a tu mamá allí en la pantalla gigante de tu mente. Trabaja tan duro. Proyéctala fuera de la pantalla de tu mente y ponla en una nube y mira cómo su imagen se desvanece. Cada vez que proyectes un rostro o una imagen, nota que la pantalla de la computadora frente a ti se va vaciando más y más. Quiero que continúes proyectando rostros e imágenes hasta que la pantalla frente a ti se quede en blanco.

Toma tu mano derecha y expulsa a tu papá de la placa de tu mente. Ponlo en una nube y déjalo volar. Mira cómo asciende a lo alto.

Toma tu mano izquierda y traslada tus

preocupaciones sobre tu economía y tu porvenir a una nube cercana y suéltalas. Continúa proyectando rostros e imágenes a nubes cercanas hasta que la pantalla de la computadora de tu mente quede completamente en blanco.

Ahora quiero que observes cómo esa pantalla en blanco de computadora se vuelve cada vez más grande frente a ti hasta que te rodea un firmamento de blancura. Allí en esa blancura quiero que visualices a Jesús. Podría ser una imagen que hayas visto en una Biblia para niños, o en un aula de escuela dominical o justo la imagen que ves en el ojo de tu mente cuando oras. Cuando lo puedas ver, quiero que me lo describas. ¿Qué hace?, ¿de qué color es Su cabello?, ¿de qué color son Sus ojos? Recuerda no quedarte corta en los detalles. Descríbeme al Jesús que ves en tu mente.

—Él viste una túnica blanca que va atada a la cintura. Tiene largo cabello color café, al igual que Sus ojos que son amorosos y compasivos. Y Él extiende Sus brazos. —Lágrimas asomaban a los ojos de Donnetta Jean.

—¿A quién se los extiende? —le pregunté en un tono calmo y bajo.

—A mí —dijo con voz quebrada.

—Quiere darte uno de Sus abrazos incondicionales. ¿Se lo permitirías?

Todavía orando, ella asintió con la cabeza y se secó las lágrimas.

—Siente que te estrechan Sus fuertes brazos. Siente las mangas de Su túnica cubrirte como una manta cálida. Reclina tu cabeza en Su ancho pecho y relájate. En el libro de Mateo Jesús nos dice: ***«Vengan a mí todos ustedes que están cansados y agobiados, y yo les daré descanso».*** (Mateo 11.28 NVI) Deja caer todo tu peso en Sus fuertes brazos en lo que te sueltas y te relajas. Siente el roce del tejido de Su túnica bajo tu mejilla. Oye los latidos de Su corazón cuando descansas en Su pecho. ¿Cómo te sientes aquí, Donnetta? —le pregunté en voz baja.

—Segura —comentó con lágrimas rodando por sus mejillas.

—Descansa en esa seguridad —le sugerí.

Soltar tu mochila emocional

Continué después de una pausa: —Tú y Jesús notan que Él no alcanza a abarcarte porque llevas una enorme mochila. Está llena de carga emocional que te ha impedido abrazar Su integridad por largo tiempo. Le gustaría ayudarte a liberarte de esta carga, pero es un caballero. No lo hará sin tu permiso. ¿Puede Él ayudarte a deshacerte de tu carga emocional?

—Necesito que lo haga —respondió Donnetta con firmeza.

—Quiero que notes que la mochila pesa menos cuando Jesús la empuja desde abajo y la agarras con tus dedos pulgares bajo las correas y la meces entre tú y Él. Al abrir la parte superior, ves una roca enorme justo dentro de la abertura. No hay manera de saber el tiempo que lleva creciendo allí. En todas partes de su superficie ves bordes cortantes que lacerarían tus dedos si intentaras tocarla. Deletreada en la parte alta de la roca está la palabra miedo. Jesús quiere liberarte de la roca del miedo, pero para tu propia sanidad, debes envolver con palabras lo que temes. Debes confesar el daño que el miedo le ha hecho a tu vida y explicar por qué estás lista para deshacerte de él. ¿Puedes hacerlo? —le pregunté.

Luego de despejar su garganta, Donnetta no perdió el ritmo: «Señor, estoy tan cansada de tenerle miedo a todo. Tengo miedo de ir a estudiar y miedo de no ir a estudiar. Tengo miedo de que el papá de Charlie intente llevárselo. Tengo miedo de quedarme a vivir con mis padres para siempre y de volverme tan mísera como ellos. Tengo miedo de volver a ser quien era: alejada de Ti Señor y tomando torpes decisiones por ello. Este miedo me paraliza y te pido que me lo quites. ¿Te desharás de la roca del miedo?».

—Donnetta, observa cómo Jesús mete la mano

en la mochila y agarra la roca del miedo y los bordes filosos ni siquiera lo cortan porque Él es Dios. Obsérvalo arrojarla tan lejos que la pierdes de vista. Luego notas, metida debajo de la roca del miedo, una roca tan cortante y tan pesada que lleva escrito en la parte alta la palabra dolor. Has estado cargando con el dolor demasiado tiempo. El Señor va a deshacerse de esa roca si se lo permites. Pero como la roca del miedo, para tu beneficio, necesitas expresar el dolor y darle a Dios el permiso de descargarlo.

Donnetta respiró hondo y comenzó: —Este dolor está acabando conmigo. Me vuelve negativa y detesto ser ese tipo de persona. Es una penumbra y necesito que desaparezca para sentir que se aligera mi carga. Ya no quiero que me defina todo lo malo que me ha ocurrido. No quiero seguir tropezando con eso en mi vida. Quiero dejarlo todo en este instante y seguir mi vida. Y Señor, necesito soltar el dolor de sentirme que no soy lo buena que mi papá quiere, que estoy llena de defectos y que no doy la talla. —Dijo esas palabras con un profundo suspiro.

—¿Puede Jesús llevarse la roca del dolor? — pregunté.

—¡Claro que sí!

—Donnetta, quiero que veas cuando Jesús busca en el interior de la mochila y saca la roca del dolor. Te regala una sonrisa y la lanza como una piedrecilla.

—Metida bajo la roca del miedo está otra muy pesada. Escrita sobre la roca está la palabra resentimiento. —En lo que hablaba, Donnetta Jean asintió sin levantar la vista.

—El Señor quiere que te deshagas de tu resentimiento, pero primero necesitas confesar tu parte y darle a Dios permiso para llevárselo. ¿Puedes hacerlo?

«Señor, sí que estoy lista para liberarme de este veneno tóxico. No quiero seguir aferrándome a toda esta falta de perdón para mi papá. Guardarle resentimiento no lo hace mejor y me vuelve mucho peor. Jesús, me has estado mostrando últimamente qué duro la pasó él de niño. Con razón fue un padre desastroso para mí y mis hermanos. Necesito perdonar a Andy también. De muchas formas, papá era tóxico también, y tiene que asumir las consecuencias».

«Ya que tocamos el tema, Señor, —Donnetta estaba imparable—: Necesito entregar mis pensamientos hostiles hacia Eric. No quiero terminar resintiendo a mi hijo porque no puedo soportar a su padre. Tengo que confesar, Señor, que me he sentido así a veces y quiero que esos sentimientos desaparezcan. Te doy permiso de llevarte todo mi resentimiento».

—Esta vez, Jesús te necesita para participar con él en deshacerse de la roca del resentimiento. Y no es porque no pueda hacerlo solo. Es porque necesitas formar parte del proceso de dejar ir el resentimiento. Así que quiero que te veas apretujando un extremo de la roca grande en lo que Jesús sostiene el otro. Siente que Su fuerza te levanta ya que ustedes dos envían la roca a los cielos.

El Señor estaba haciendo un prodigio, así que continuamos desempacando las cargas de Donnetta.

—Al ver hacia abajo observas otro peñasco brutal que apoya a la roca del resentimiento. Gravado en la superficie de esta roca está la palabra enojo, Tu ira ha sido acicateada por tu resentimiento. Una vez más, si quieres ser libre de tu enojo, necesitas confesarlo. Expresar el daño que te ha hecho en la vida. Pídele a Dios que erradique tu rabia.

«Señor Jesús», oró Donnetta con fervor, «he estado enojada con mi papá por ser insensible a mis necesidades y a las de mi mamá. Estoy enojada con él por juzgarme siempre, y por su hipocresía al actuar como un santito en la iglesia y como todo un patán en casa. Sobre todo, me siento molesta porque nunca me hizo sentir que me amaba. Mi Dios, confieso que he estado enojada contigo por permitir que me ocurriera todo lo malo en mi vida hasta que me di cuenta de que muchas de las circunstancias negativas fueron el resultado de elecciones que hice para que le doliera a mi papá. Quiero pedirte que me perdones por ello». Lágrimas de remordimiento fluían de las mejillas de Donnetta: algo purificador.

—¿Puede Él quedarse con la roca del enojo? — pregunté, ayudándola a finalizar la tarea que había comenzado.

Donnetta Jean asintió y se secó más lágrimas.

—Quiero que mires cuando Jesús mete su mano en la mochila y agarra la roca del enojo y la lanza: ***«como lejos del oriente está el occidente».*** (Salmos 103.12 NVI) y se olvida de ella como nos lo señala la Escritura. Puntal de todas las rocas y motivación para el crecimiento de cada una es la imponente roca llamada odio a uno mismo. Ha estado supurando en el fondo de tu mochila por mucho tiempo. Y para que puedas seguir adelante, debe morir. Tú sabrás qué hacer, —le dije.

«Señor, Linda tiene razón. Me he detestado desde que tengo uso de razón. Siempre merecí que me trataran mal porque me sentía inútil y estoy harta de sentirme llena de defectos. No quiero seguir saboteando nada bueno porque no siento que me lo merezco». Exhalando con alivio, Donnetta preguntó: «¿Te llevarías esta roca por favor?».

—Nota la fuerza del brazo del Señor cuando se agacha para levantar la roca del odio a uno mismo, expliqué. Mira Su gran mano sujetarla y lanzarla sin esfuerzo hasta que desaparezca. Y te da un guiño cuando lo hace pues está tan orgulloso de ti por soltarla. Ahora bien, Donnetta Jean, quiero que observes que Jesús lleva una roca propia. Al sostenerla, date cuenta de que es para ti. Cuando extiendes tus brazos, notas que es un orbe perfectamente simétrico e iridiscente que irradia luz y calor. Al extender tus brazos lo halas hacia ti y te das cuenta de que se hunde en tu pecho, y ahora sientes la luz y el calor del Espíritu Santo que te da fuerzas. Donde sentiste miedo, ahora siente la paz de que Dios está en control y que vela por ti. En el lugar del dolor, ahora te sientes rejuvenecida por la restauración del Señor. En lugar del resentimiento sientes un fluir del perdón para ti y los demás. Tomando el lugar del enojo, tu corazón resuena con reconciliación. Al haber soltado el odio a ti misma, eres libre de sentir el amor incondicional de Dios en lo que Su Espíritu te impregna de Su poder. Absorbe el Espíritu, —le pedí.

—El Señor quiere que hables contigo misma, una frase o dos que evoquen la verdad en tu mente por el resto de tu vida. ¿Qué te está diciendo, Donnetta? —pregunté.

Con una sonrisa entre lágrimas respondió: —Jesús dice que soy suficiente. Que pagó un alto precio con Su propia vida para probarlo.

—Eso sonará en tu mente por siempre para

afirmar que Dios está loco por ti, —le aseguré justo al final de nuestra oración de sanidad.

—Donnetta, necesito que dejes este lugar por ahora, pero puedes regresar aquí en cualquier momento que necesites descansar en los brazos amorosos de tu Salvador. Antes de irnos, ¿hay algo que quisieras decirle a Jesús?

—Sí. Gracias Señor, por el amor que siento — expresó Donnetta. Por favor, nunca dejes que me aparte de ti.

En el calmo descanso de Donnetta en la presencia del Señor, hice una oración para concluir nuestra sesión: «Amado Padre, quiero agradecerte por preocuparte tanto que diseñas a la medida la sanidad de cada uno de tus hijos. Quiero que tú que comenzaste una buena obra la continúes en Donnetta Jean. Inspírala a venir a tu presencia cada vez por el apoyo que su alma ansía. Te alabamos por Tu poderosa provisión para nosotros. En el nombre de Tu hijo oramos, amén».

—¿Cómo te sientes? —le pregunté a Donnetta cuando abrió sus ojos.

—Agotada, pero de maravilla —proclamó.

—Vas a estar cansada. Acabas de someterte a cirugía espiritual. Como un procedimiento físico, te exige mucho. Descubrí que justo después de soltar mi carga emocional, el Señor continuó dándome ideas para mi comportamiento y mi porvenir. Creo que siempre estuvo listo para compartirlos, pero mi carga era tan grande que no podía recibir las buenas nuevas que Él tenía que ofrecerme. Mantente a la expectativa en las semanas que vienen de nuevas revelaciones de tu Señor y Salvador. Y descansa un poquito.

—Lo haré, —contenta respondió Donnetta—. Me siento como con 50 kilos menos.

—Por lo menos. Y esta vez no te dejo una tarea escolar. Ha sido suficiente por hoy.

—Eso digo. Nos vemos —respondió Donnetta, sintiéndose aliviada y liviana al salir de mi consultorio.

Pasos hacia el éxito: Dedica tiempo para volver a leer el «Ejercicio de oración para fomentar confianza» para soltar tu carga emocional con la ayuda de Dios. Recorre con lentitud cada paso. Permítele al Señor que te ayude a soltar los dolores y penas que te han sujetado por tanto tiempo.

Capítulo 10

Las prioridades: Hacer primero lo primero

10

Charlie entró de pininos a mi consultorio con su chaquetita amarilla, con todo y casco y botitas de hule, y así parecía disfrutar de la lluvia mucho más que su mamá a quien le costaba seguirle el paso.

—Estaba tan emocionado de estrenar su impermeable hoy —anunció ella.

—¿Quién podría culparlo? Se ve como todo un niño grande hoy. —Dirigí mis comentarios hacia Charlie.

—Es un niño grande —respondió Donnetta. Comenzó a ir dos veces a la semana a la guardería en lo que voy a clases.

—La abuela lo cuida los otros dos días, ¿verdad? —Donnetta hacía arrullos al fijar su atención en su pequeñín con hoyuelos: «¿Puedes decir a-bue-la?», le enseñó.

Charlie respondió, diciendo: «Buel-a».

—Eres inteligente como tu mamá. —Charlie sonreía de oreja a oreja—: ¡Qué emocionante! ¿Qué piensan ustedes de tu nueva aventura?

—A Charlie le encanta jugar con otros niños y en la guardería lo tratan muy bien. Me encanta haber regresado a estudiar. Mi redacción en la composición de ingreso impresionó a la encargada de admisiones. No le dije que practico mucho porque mi terapeuta me pone a escribir todo el tiempo.

—¿Quién diría que ese sería un beneficio agregado? —bromeé—. Me enorgullezco de ti, ¡ya eres universitaria!

—Es más difícil de lo que pensé. Me está costando incluir todo en mi horario. Me encanta estudiar y podría hasta desvelarme, pero no quiero descuidar a mi hijo ya que entro a estudiar tan temprano que me pierdo mi momento de oración. Pero tengo suerte que cuando salgo de clases me doy cuenta de cuánto valoro mi tiempo con el Señor, mi horario no me permite tiempo, —se encogió de hombros—. No siento la cercanía que tenía con Dios y no es de mi agrado sentirme así. Quiero ser una buena madre y sé que Dios ha estado ayudándome a lograrlo. En este preciso momento hay tanto que me distrae, y mi horario es solo una parte; la otra distracción es, ¿cómo lo digo, Linda? Ahí te va m'hija; he visto ciertos guapetones en la universidad y me han pedido salir tres veces desde que estoy allí.

—¿Qué esperabas? Eres bella, noble y brillante — le confirmé.

—Te habría llevado la contraria al respecto, hace unos meses, pero me veo totalmente distinta, últimamente.

—La confianza es atractiva, le informé. A los muchachos les gustan las mujeres que tienen confianza en sí mismas, y eso te describe bien en estos días.

—Fui a un grupo de estudio y de comer pizza con uno de los muchachos, Tim. Accedí a ir porque quería conectarme con más estudiantes en mi clase. Al menos eso me dije. La verdad es que Tim luce muy bien y me sería fácil pensar en él todo el día, pero tiene 28 años, aún vive con sus padres y nunca ha tenido un empleo estable. El grupo de estudio se reunió en una cafetería a la par de la pizzería, y después de estudiar algunos fuimos a la pizzería. Tim era encantador y me sentí bien que me cortejaran.

Intenté resistirme porque me di cuenta de que era la misma conducta con la que caí con Eric y con su mejor amigo antes de él. En ese momento en mi vida, tenía que estar en una relación que me hiciera sentir que valía la pena, aun si sabía que la persona no me convenía. Al ir descubriendo mi propia valía y en el Señor, no quiero retomar malos hábitos.

—Donnetta Jean, eso es música para mis oídos de terapeuta.

—No me malinterpretes —siguió revelando Donnetta—: quiero un esposo y un padre para Charlie. No quiero lanzarme a los pies del primero que pase y me diga que le gustan mis ojos. Quiero hacer lo que Dios quiere, pero cuando me dan la atención que ansío es difícil no ceder.

—Donnetta, el Señor sabe que quieres tener un esposo y una familia, y quiere darte lo que tu corazón anhela. Lo dice así en Salmos 34.4. Hasta este momento en tu proceso de sanidad, has soltado tu dolor, has otorgado el perdón y has visto la innegable provisión de Dios. Ahora, como parte de tu plan de tratamiento, es tiempo de que fijes prioridades. Le das a Dios el primer lugar cuando esperas con paciencia en Él, te centras con intención en Su voluntad y nunca te olvidas de Su poder proveedor. Vas a ganar con una fórmula. Estudiémosla.

—¿Una fórmula? ¿Me vas a contar una historia hoy también? —inquirió Donnetta.

—Ya sabes que mi don espiritual es alargar una historia —bromeé, en lo que se acomodaba para recibir una enseñanza.

Tres pasos para ganar en la vida

¿Qué hay de ti? ¿Estás lisoa para ganar? He aquí tu fórmula y el primer paso: Espera en el Señor. El salmista dice: ***«Puse en el Señor toda mi esperanza; él se inclinó hacia mí y escuchó mi clamor. Me sacó de la fosa de la muerte, del lodo y del pantano; puso mis pies sobre una roca, y me plantó en terreno firme. Puso en mis labios un cántico nuevo, un himno de alabanza a nuestro Dios».*** (Salmos 40.1–3a NVI) Nos dice el verso que esperemos en el Señor por fuerza y respuestas, que Él nos va a sacar del caos y a posicionarnos con ventaja. Mas la fuerza y respuestas no vienen sin esperar primero.

Cuando era director del grupo de preparatoria de nuestra iglesia, quise compartir allí el significado de pasar tiempo en la presencia de Dios, de esperar en Él. En conversaciones con los jóvenes, he escuchado cosas como: «Conocí un muchacho y él llevaba una cruz como la de mi abuelo y pensé que ese era un trato de Dios», o: «A ella le gustan los carros deportivos, así que eso debe venir de Dios y más». (Desde donde lo veo, me parece cuestión de hormonas y más). Quería que se tranquilizaran como para oír de Dios, así que dirigí al grupo a Salmos 46.10a: ***«Quédense quietos, reconozcan que yo soy Dios».*** (NVI) Fue allí que descubrí que la charla que preparaba para estos jóvenes era en verdad para mí.

Quédense quietos y reconozcan

En Hebreo, se utilizan varias palabras para quieto. Cuando David dice: «Junto a aguas de reposo me pastoreará» en Salmos 23.2b (RVR1960), la palabra para quieto significa sosegado o pacífico. También podemos agregar que estar quieto implica estar sin turbación o alteración. Ninguna de esas acepciones se utiliza aquí. La palabra quieto en Salmos 46.10 proviene de ***raphah*** que significa cesar, estar inactivo, soltar, anochecer, como cuando está uno sentado en el columpio del porche, sin más que hacer que beber té dulce y esperar que aparezcan las luciérnagas. La raíz de la palabra ***raphah*** es ***rapha***. Lo que significa remendar con puntadas, sanar o reparar. Este verso nos indica que tenemos que aquietarnos, calmarnos, sin movernos para que Dios pueda en todo sentido restaurarnos.

Tiendo a ser una persona que se asemeja a un malabarista callejero. No nací para estar quieta, y sin embargo no dejo de asombrarme cómo es que el Señor llena mi tanque cuando le entrego mi agenda y espero pacientemente a Sus pies. Darle el puesto número uno a Dios en esos momentos de quietud reacomoda mis prioridades y trae paz a mi maltrecha alma.

Lecciones de vida del libro de Daniel

El segundo paso para ganar es centrarse con intención en la voluntad de Dios. Tenemos que escoger a cada momento hacer de Dios lo principal en nuestra vida. Ese punto se transmite con nitidez en la historia de Daniel. Fue llevado cautivo de Israel a una nación extranjera para que lo formaran por tres años para el servicio al rey. Durante su formación se le ofreció la mejor comida y vino de la mesa del rey, pero Daniel creía que la dieta babilónica no iba acorde con sus ideales judíos. Él quería frutas y verduras que no figuraban en el apetecible menú del rey. Y la Biblia nos dice: ***«Y Daniel propuso en su corazón no contaminarse con la porción de la comida del rey, ni con el vino que él bebía; pidió, por tanto, al jefe de los eunucos que no se le obligase a contaminarse».*** (Daniel 1.8 RVR1960)

La parte «propuso en su corazón» denota la intencionalidad de Daniel. Habría sido fácil participar del banquete extranjero del que siempre le servían, pero Daniel estaba resuelto a hacer de Dios su máxima prioridad. Le obedecía y esperaba con paciencia que Él obrara. Después de una prueba de 10 días, él lucía más sano y mejor que cualquier de los jóvenes que comían a la mesa del rey. (Versículo 15) Daniel demostró que esta nueva modalidad del «Club de dieta» le traía abundantes bendiciones.

El Dios que ve

El tercer paso para ganar nos advierte de no olvidarnos nunca del poder proveedor de Dios. Salomón nos aconseja en Proverbios 3.5–6, ***«Confía en el Señor de todo corazón, y no en tu propia inteligencia. Reconócelo en todos tus caminos, y él allanará tus sendas».*** (NVI) Esas palabras me ayudaron a centrarme en Dios para sobrevivir los días amargos en casa de mi madre. En nuestra duda sería fácil caer presa del desaliento sobre lo que percibimos como el silencio de Dios o saltarnos Su tiempo y hacer cosas por nuestra cuenta. Lo último no le funcionó muy bien a Sara, la esposa de Abraham, como veremos en la siguiente historia de Génesis 16.

Sarai, como se llamaba en aquel momento, aprendió por las malas a esperar la provisión de Dios. Al agotarse su paciencia de que Dios le concediera un hijo, decidió tomar la iniciativa. Decidió enviar a su sierva, Agar, a que se acostase con su esposo. ¡No existe una sola mujer en cultura alguna que no viera lo que pasaría! Agar quedó encinta y mangoneaba a Sarai: una jugada nada inteligente. Abram, haciéndose el desentendido, no tomó parte en la riña y dejó que las chicas se lo pelearan. Sarai vio la oportunidad de desquitarse y maltrató a su sierva (versículo 6). Agar huyó pero Dios la encontró y cuidó de ella: hasta de una humilde sierva. (¡Me encanta esa parte!) Y el hijo que tuvo resultó ser fuente de mucha inquietud. Nada bueno sale de adelantársele a Dios ya que Él proveerá en Su tiempo perfecto. No lo olvidemos.

Le habría resultado fácil a Donnetta adelantársele a Dios. Ya que se sentía sola y vulnerable, y varios hombres la cortejaban, pero Dios planeaba lo mejor para ella como lo prometió en Salmos 37.4: ***«Deléitate asimismo en Jehová, y él te concederá las peticiones de tu corazón».*** (RVR1960) Su tarea era ahora confiar en Él. Al aprender a ganar, ella podía concentrarse en hacer en su vida de lo primero, lo primero.

Cambio transformador de paradigma

Recibí una magnífica lección de poner a Dios primero durante el período al que mi esposo y yo llamamos el divino apretón de Dios. Ocurrió después de que nació nuestra tercera bebé, Ashley Rose. Con nuestra hija mayor, Sarah, de cinco, y un niño de tres, Jake, yo había sobrevivido a laringitis, cólicos e infecciones del oído. Mis embarazos habían sido normales, como para ser la candidata perfecta para que me atendiera la partera local. Pensé que conocía bien la maternidad, pero nada podría haberme preparado para lo que se avecinaba.

A los 11 días de haber nacido Ashley, la llevé al pediatra para un chequeo. El Dr. Frisbee era un doctor a la antigua, alegre e ingenioso, pero ese día no estaba bromista. Sus ominosos quejidos me hicieron estremecer de miedo. Cuando llamó a recepción para que viniera una asistente y dijo: «Escucha esto», al sostener el estetoscopio al pecho de mi indefensa bebé, sentí que se me doblaban las rodillas.

—¿Qué anda mal con mi bebé, Dr. Frisbee? — pregunté con voz quebrada.

—Linda, me sentiría más tranquilo si la pudieran ver en la universidad.

—La universidad queda a cinco horas de aquí —le respondí angustiada.

—Sí, y me gustaría que salieras de inmediato. ¿Puedes llamar a tu esposo para que te recoja aquí?

¡Qué hombre más sabio! Él sabía que si yo tuviera idea de lo que realmente estaba ocurriendo, habría colapsado. En vez de ello, llamé a mi esposo, Bruce, y le intenté explicar lo que estaba ocurriendo sin desmoronarme, le pedí que buscara a alguien que cuidara a nuestros otros dos hijos y luego corrí a casa a empacar.

En menos de una hora, Ashley, su papá y yo íbamos

al norte. Al salir de la calzada de nuestro rancho de casi 375 metros cuadrados en dos y media hectáreas, con vista al río Applegate, intenté no pensar en lo que venía. Mis pensamientos se volcaron a una conversación con Bruce una noche de verano hacía menos de un año en la plataforma.

No siempre habíamos vivido con tanto lujo. Con cuatro títulos entre ambos, Bruce y yo nos graduamos de una universidad cristiana listos para salvar al mundo para Cristo. De entrada, nos contrataron para el ministerio juvenil en una iglesia donde habían muchos niños. A pocos meses centenares de niños se presentaban cada noche de lunes. Los jóvenes venían a Cristo y sus vidas cambiaban. Estábamos emocionadísimos y pensábamos que otros dirigentes de la iglesia se sentían igual. Pero a algunos de ellos no les gustaba que muchos de los niños no asistían al culto del domingo, y cuando oí que una de las autoridades de la iglesia se levantó en una reunión del concejo y dijo: «Estos jovencitos que vienen las noches del lunes, no diezman», metí mi idealista rabo entre las piernas y salí de la iglesia esa noche.

Mi esposo decidió que nos tomaríamos un año sabático del ministerio, un pequeño receso. Nos metimos a ventas y aquí les cuento que ¡mi esposo es capaz de venderle hielo a un esquimal! Ahora teníamos dos preescolares, así que trabajaba desde casa haciendo llamadas y manejando las cuentas en lo que Bruce tenía reuniones de ventas y daba seguimiento. ¡Ganábamos bastante plata!

Un año fuera del ministerio se hicieron ocho y en poco tiempo teníamos tanto dinero que no sabíamos qué hacer con él. Nuestro contador insistió que invirtiéramos en bienes raíces, así que Bruce decidió comprar la casa de sus sueños en Oregon.

Una tarde a finales del verano, apenas unos cuantos meses después de que nos mudamos, me senté en la plataforma admirando el paisaje y Bruce volteó a verme y dijo: —Hermoso, ¿verdad?

—Claro que sí —asentí.

—Como que nos costó llegar a esto, ¿o no? —fue su segunda pregunta.

—Así es.

Entonces como leyéndome el pensamiento, Bruce dijo: —Como que está vacío, ¿verdad?

—También es así, —fue mi seca respuesta. Ninguno de nosotros sabía qué hacer con esos sentimientos y pronto cambiamos de tema. Y ahora me encontraba alejándome de la casa de la que creí nunca poder prescindir y que de repente significaba tan poco para mí. Solo quería que mi bebé estuviera bien.

Cuando llegamos al hospital universitario a las nueve de la noche, un equipo de cardiólogos nos estaba esperando. Se llevaron a Ashley para hacerle pruebas y después de lo que pareció una eternidad trajeron a mi agotada y hambrienta bebé. Entonces una doctora alta de cabello negro, dio un paso al frente: «Ashley presenta varios trastornos congénitos graves, que requerirán muchas cardiocirugías para corregirlos», nos informó la amable doctora, despacio y haciendo pausas para calmar mis sollozos. «Su primera cirugía será mañana temprano. Se le programó una intervención de emergencia a las diez de la mañana».

Salmos 34.18 en la Biblia Traducción al lenguaje actual dice: ***«Dios siempre está cerca para salvar a los que no tienen ni ánimo ni esperanza».*** Literalmente sentí que Dios me sostenía y me ayudaba a respirar.

Ashley sobrevivió de milagro a esa intervención y en lo que llevaba a mi frágil bebé a casa, me preguntaba qué nos deparaba el porvenir, temiendo cómo iba a mantener unida a mi familia, me acuerdo diciéndole a Dios: Las cosas que importaban tanto para mí, como mi adorada casa, mis valiosas antigüedades, las casas móviles en la calzada no tienen hoy mayor valor. Solo quería conservar a mi bebé.

Ya que su corazón estaba tan débil, el sistema

inmunológico de Ashley corría peligro. Pasó la mayor parte de sus primeros años en el hospital. A tal punto que conocíamos todos los nombres de todas las enfermeras que trabajaban en el piso de pediatría. Bruce había andado en ruta el año anterior haciendo ventas y promoción, pero ahora encontró que le faltaba valor para volver a salir. «Tengo miedo de que me llames cuando esté en un rincón de la China y me digas que ya no está entre nosotros. No me lo perdonaría», dijo. Sabía cómo se sentía. Tampoco quería estar lejos de mi adorable criaturita.

Para generar ingresos tuvimos que deshacernos de muchas cosas, comenzando por las antigüedades: esas preciosidades en cuya compra invertí largas horas. En un momento llegué a atesorarlas, pero hoy mi único pensamiento era llévatelas Señor: el reloj Waterbury 1850, pintado a mano; la cómoda de nogal y la alfombra persa, pero no te lleves a mi niña.

En eso llegó la casa móvil, al Jeep CJ le tocó después. Pero no me importaba. No me importa perder objetos, Señor. Tan solo no quiero perder a mi Ashley, oré.

Y le llegó el turno a la casa. Mi hogar, mi bien más preciado. Pasé incontables horas viendo revistas de arquitectura, seleccionando el empapelado justo y el color adecuado, nerviosa de lo que mis amigas pensaran sobre mi decoración. Y cuando la casa se vendió me dio lo mismo. Con el mercado de bienes raíces en baja, ni le ganamos nada, pero al menos nos salimos de la hipoteca y todavía tenía a mi bebita.

Una mañana en la que hacía acopio de valor para comenzar a empacar, Bruce hizo la pregunta: —cariño, ya que es obvio que vamos a volver a ser pobres ¿Te gustaría volver a ser pobre para Dios?

Si él me lo hubiera preguntado un año antes, me da vergüenza decir que me habría reído en su cara. Pero en los meses después del nacimiento de Ashley, había pasado mucho tiempo de rodillas buscando otra vez del Señor. —¿Por qué no? —le respondí—. Al menos si estamos en el ministerio, tendremos propósito en medio de nuestra pobreza.

Así que mi esposo y yo empacamos con nuestra pequeña familia y nos mudamos casi a 1.000 kilómetros de distancia a una iglesia que nos pagaba $500 al mes y a una casa cuyo alquiler costaba $450. Y cada mes, la milagrosa provisión de Dios provenía de nuestra amorosa familia de la iglesia.

Firme ante el conflicto final

Mi esposo era el pastor de música y teníamos una clase dominical repleta de jóvenes. No llevábamos mucho allí cuando una pareja en la clase dio una fiesta para todo el grupo. Una de las damas que trabajaba en el jardín de infantes en la iglesia insistió en cuidar a nuestros niños para que pudiéramos asistir. En sus 14 meses de vida, Ashley había estado con su papá o conmigo todo el tiempo, así que era difícil decir que sí. Pero ansiaba tanto tener una conversación que no incluyera medicamentos o tratamientos para el asma, que acepté ir.

Era una maravillosa tarde de diversión y comunión que duró hasta las 8:30 esa noche. Recibimos una llamada de la niñera: «No sé qué ocurrió. Ashley estaba jugando de lo más normal cuando de repente se quedó en mis piernas y no se movió. Le toqué la cabeza y estaba ardiendo».

Había visto que a Ashley se le había subido la temperatura súbitamente antes, así que sabía que tenía que llevarla al médico. Bruce y yo dejamos la fiesta, recogimos a Ashley, y corrimos al hospital de niños. El doctor en la sala de emergencia sospechaba que tenía una infección, así que le recetó medicamentos, y por los muchos antibióticos ingeridos en su corta vida había desarrollado alergias a algunos. De modo que el doctor quería que nos quedáramos en el hospital unas cuantas horas en caso de que a Ashley se le cerrara la garganta como reacción a lo que le recetó.

Ya eran las últimas horas de la noche del sábado.

«Amor, no tenemos que desvelarnos los dos toda la noche», le dije a mi esposo. «Te toca llevar el servicio de adoración mañana, así que por qué no recoges a nuestros otros dos hijos y te vas a casa. Yo me quedo con Ashley». Consciente de que Sarah y Jake estarían preocupados y querrían verlo, él aceptó.

Cuando se fue mi esposo, le dije a la enfermera de turno que quería salir un minuto. Ella estuvo de acuerdo y así dejé la sala de espera bajo el cielo estrellado con mi quieta bebé en brazos. Con la voz más alta que pude alcanzar en mi mente como para no despertarla, grité en silencio: «Muy bien, Satanás, tuviste tu mejor oportunidad. Te has llevado todo, los carros, los juguetes, la casa y ahora quieres llevártela. Escúchame y escúchame bien, si te la llevas, quiero que sepas que no voy a darle la espalda a Dios. ¿Me oíste? Estoy en esto hasta las últimas y aun si la pierdo, ¡no me apartaré de Dios!».

En aquel momento mi preciosa Ashley quien había estado inerte como una muñeca de trapo ya por tres horas despertó en mis brazos diciendo: «Hambre, mami». Dejamos el hospital esa noche, y en los días y semanas que siguieron, vi a Ashley ganar peso y fortalecerse.

La Escritura nos dice: ***«Así que sométanse a Dios. Resistan al diablo, y él huirá de ustedes».*** (Santiago 4.7 NVI) No dice que dará un paseo o que va a caminar. Cuando resistamos él huirá. No entendí hasta esa cálida y pegajosa noche en el estacionamiento del hospital, que cuando nos deleitamos en el Señor, Él se vuelve el anhelo de nuestro corazón.

Esa vivencia constituyó un momento decisivo en mi caminar cristiano. Como solía decir mi pastor, hice «negocios con Dios». Creo que el momento llega cuando un creyente debe decidir entre tomarlo o dejarlo, o más bien volverse pescador de hombres o conformarse por disfrutar del bote.

Ese momento llegó para Donnetta Jean justo allí en el consultorio esa tarde. Se propuso en su corazón poner a Dios primero. Oramos juntas y pedimos el poder del Espíritu Santo para que lo primero fuera siempre lo primero.

¿Qué hay de ti? ¿Estás listo para ganar como Donnetta Jean?

Pasos hacia el éxito: Revisa cada versículo de los pasos para poder ganar. Recíbelos como promesas que Dios te hace. Cítalos cuando te sientas frágil o insegura.

- Espera en el Señor. Isaías 40.31: *«Los que esperan a Jehová tendrán nuevas fuerzas; levantarán alas como las águilas; correrán, y no se cansarán; caminarán, y no se fatigarán».* (RVR1960)

- Céntrate con intención en la voluntad de Dios. Mateo 6.33: ***«Por lo tanto, pongan toda su atención en el reino de los cielos y en hacer lo que es justo ante Dios, y recibirán también todas estas cosas».*** (DHH)

- Nunca olvides el poder proveedor de Dios. 2 Corintios 12.9a: ***«Te basta con mi gracia, pues mi poder se perfecciona en la debilidad».*** (NVI)

- Anota tus tres prioridades máximas en tu diario. Invierte cada día en cada una de ellas. Lleva un registro de lo que haces para incentivarte a ser responsable.

Capítulo 11

La pasión:
Con todo y defectos

11

—Ya vi que fuiste a la hamburguesería, —le comenté, al observar cómo Charlie apretaba el último juguetito de promoción.

—¿No se ve encantador con su pelo lleno de salsa de tomate? —comentó Donnetta con ironía.

—Ha descubierto las papitas fritas y los juguetes de regalo. Tu vida ya no será la misma, le advertí.

—No me digas. Él grita «¡Para!» desde su asiento cada vez que pasamos por el lugar donde le regalaron el juguetito.

Después de reírnos, le pregunté: —¿Ya que llevas estudiando un rato, se ha vuelto más fácil de manejar tu calendario?

—No hay duda que es difícil. He reducido mi tiempo de estudio grupal para que los muchachos fornidos y de ojos bonitos no me distraigan —confesó Donnetta, con una risa cómplice—. Eso me ha ayudado a mantener mis prioridades, y estoy encontrando formas de aprovechar mi tiempo al escuchar las cintas con enseñanzas camino a la universidad. No me llena el tanque tanto como mi tiempo de oración en la mañana, pero me mantiene atenta. La semana pasada escuchaba tu serie en CD de aquel versículo de Sofonías.

—Él se deleita en ti; ¿descansa en su amor?

—Ese mismo. No sabía que ese versículo existía, pero eso no dice mucho. Ni siquiera sabía que había un libro que se llama Sofonías en la Biblia, y ese es un versículo buenísimo. Lo puse en la portada de mi agenda para memorizármelo, —anunció cuando empezó a recitar de Sofonías 3.17—: ***«el Señor tu Dios está en medio de ti como guerrero victorioso. Se deleitará en ti con gozo».*** (NVI) —Hizo una pausa como si se perdiera.

«Se gozará sobre ti con alegría, callará de amor, se regocijará sobre ti con cánticos» (RVR1960) —terminé yo.

—No puedo olvidar lo de los cánticos. Esa es prácticamente la mejor parte —se increpó.

—Me enorgulleces Donnetta. La mayoría de adultos me dicen que su cerebro ya está viejo para memorizar y no te llevan muchos años. Ese es un verso que vale la pena memorizar. Pienso que es tan significativo que le dediqué todo un retiro.

—Quisiera que los maestros de escuela dominical que tuve cuando joven compartieran versículos como el anterior. Lo que oía decir era: «Debes recordar tu tiempo de quietud con Dios, o no te va a bendecir. Debes leer la Biblia a diario o no amas lo suficiente a Dios. Debes orar y no dormirte. Dios odia al pecador, así que no te enojes ni te irrites».

—¿Sabes lo que dicen en el Programa de recuperación de doce pasos? —interrumpí—. Que no debes exigirle esto o aquello ni a ti ni a nadie más.

—No lo voy a olvidar —se rio Donnetta—. Mi papá tenía muchas reglas rígidas y cuando utilizaba a la Biblia en apoyo de su egoísmo, no podía soportarlo. Hui de él y de Dios. Pero ahora me doy cuenta de que Dios me ama, no por lo que hago sino porque sí.

—Donnetta, ha sido mi oración desde que comenzamos este proceso que llegaras a saber cuán loco está Dios por ti, cuánto te ama con todo y tus defectos. A Él le apasiona la mujer que ves en el espejo. —Lágrimas asomaron a sus ojos al decirle de corazón lo que sabía que era cierto sobre el corazón de Dios.

—Me ha llevado cierto tiempo comprender esto. No quiero olvidarme y volver a sentir apatía por Dios —confesó Donnetta Jean al secarse los ojos.

—Vas un paso adelante —afirmé—. Tenía 35 años antes de darme cuenta de que podía ser un ser humano y no un hacer humano. Dios utilizó una situación difícil de mi vida para demostrármelo. El mensaje del imperecedero amor de Dios se vio reforzado en mí cuando leí sobre la vida de Elías en 1 Reyes. Su historia ilustra algunos pasos valiosos para seguir conectados con Dios a fin de que podamos sentir Su cuidado amoroso, sin importar lo que atravesemos. Y me demuestra que el Señor ama a Sus hijos con todo y defectos. Ahora quiero compartir contigo lo que aprendí.

—¿Vas a volver a utilizar tu don espiritual de alargar una historia corta, Linda? —bromeó Donnetta.

—No quiero decepcionarte; así que tranquila, hermana. Aquí va la historia.

Cuatro acciones para formar una conexión con Dios

En 1 Reyes 16.30 la Biblia afirma: *«Y Acab hijo*

de Omri hizo lo malo ante los ojos de Jehová, más que todos los que reinaron antes de él». (RVR1960) ¿Te gustaría que te describieran así? Antes de que culpemos a Acab, necesitamos ver lo que le heredó su padre. Omri consolidó una alianza con Fenicia y para solidificar el pacto, dio a su hijo en matrimonio con la hija del rey fenicio. ¡Aquí entra Jezabel! Su nombre es todavía icónico entre las mujeres horrendas de la historia.

Cuando Jezabel se casó y se trasladó al hogar de Acab, trajo consigo a 450 profetas de Baal y a 400 profetas de Asera. Es importante notar que Acab era el rey de Israel, el pueblo escogido de Dios. Jezabel no estaba contaminando la casa de un rey extranjero con estos dioses falsos, sino que ¡los exhibía en el palacio del rey de los hijos de Dios!

El Señor buscaba un profeta fiel para que le llevara el mensaje al rey Acab. A pesar de buscar a otros dioses, al Señor le apasionaba Su pueblo, así que envió a Elías el tisbita para confrontar al extraviado monarca. El profeta decretó: ***«Tan cierto como que vive el Señor, Dios de Israel, a quien yo sirvo, te juro que no habrá rocío ni lluvia en los próximos años, hasta que yo lo ordene».*** (1 Reyes 17.1b NVI) Puedo oírlo ahora: «Oye, Acab. Ya sé que se supone que Baal sea el dios del clima, pero eso es falso compadre, porque hay un solo Dios verdadero y voy a demostrártelo». (¡Esa es mi paráfrasis!).

Elías necesitó agallas para ir ante Acab porque Jezabel ya estaba persiguiendo a los profetas de Dios. Muchos se escondieron, pero Elías permaneció fiel. Ahora vamos a ver la pasión de Dios por Sus siervos. El Señor envió a Su profeta al único lugar en esa tierra que atravesaba sequía que se secaría por último, el arroyo de Querit (versículo 5). Luego Dios envió a ciertas aves: ***«Y los cuervos le traían pan y carne por la mañana, y pan y carne por la tarde; y bebía del arroyo»*** (versículo 6).

Ten confianza

A los cuervos se les consideraba aves inmundas de acuerdo al criterio de los judíos y Elías pudo haber cuestionado a Dios sobre Su juicio al respecto. «¿Pero qué estás haciendo, Dios mío? ¿No se me ha enseñado desde que era un niño bueno en la sinagoga a no contaminarme con lo que es inmundo? ¿Y ahora quieres que pruebe comida del pico de un ave inmunda?». Aquí aprendemos de Elías un paso valioso para seguir conectados con Dios: Confiamos en él. Sencillo pero no fácil. No cobraba sentido para su sensibilidad judía, pero Dios le dijo a Elías que comiera el pan que le trajeran los cuervos y Elías confió en lo que el Señor le dijo.

¿Ya te ha ocurrido? Que te preguntas: «¿Por qué tengo que perder mi trabajo, Señor? Sabes que diezmo de mi sueldo». Entonces descubres después que Dios te da un trabajo mejor pagado para que pases más tiempo con tu familia. Te preguntas: «¿Por qué a mí me tienen que diagnosticar deficiencia antiinmune?» Y descubres que tu enfermedad acerca a cada miembro de la familia y a todos a Dios. Te preguntas, «¿Por qué me cayó este árbol en la casa, Dios? Con todo lo que me pasa y ahora esto». Semanas después, reflexionas en cómo el árbol que cayó en tu cochera te pone a hablar con los vecinos. Los invitas a la iglesia y reciben a Cristo. Y ahora serán vecinos eternamente en las mansiones celestiales. A pesar de la situación, aun si no tiene sentido, aprendemos de Elías a sentir el cuidado apasionado de Dios cuando confiamos en Él.

Entonces se secó el arroyo y Dios le dijo a Elías: ***«Ve ahora a Sarepta de Sidón, y permanece allí. A una viuda de ese lugar le he ordenado darte de comer».*** (1 Reyes 17.9 NVI)

¿Recuerdas de dónde era Jezabel? Nació en Sidón, Fenicia. De todos los lugares a los que pudo haber enviado Dios a Su siervo Elías, ¡lo envió al lugar de origen de su peor enemigo! Si yo fuera Elías, me habría preguntado por qué Dios no me puede enviar al hogar de una tierna madrecita judía que me diera comida, acariciara mis mejillas y me dijera que soy un buen chico. Pero Elías confiaba en Dios, de modo que fue a Sarepta.

Allí se encontró con una viuda que recogía leña,

a la que le pidió pan y agua. ***«Tan cierto como que vive el Señor tu Dios —respondió ella—, no me queda ni un pedazo de pan; solo tengo un puñado de harina en la tinaja y un poco de aceite en el jarro. Estaba recogiendo unos leños para llevármelos a casa y hacer una comida para mi hijo y para mí. ¡Será nuestra última comida antes de morirnos de hambre!»*** (versículo 12). La viuda no dijo: «Tan cierto como que vive el Señor, sino: «Tan cierto como que vive el Señor tu Dios». La pobre viuda podía identificar a un verdadero creyente. Muchos hambrientos pasaban por esa ciudad afectada por la sequía, pero Elías le pareció diferente: un hombre de Dios.

Elías le dijo a la mujer que no temiera. Le prometió que si ella cuidaba de él, Dios cuidaría que Su provisión no escaseara y así fue porque: ***«Y tal como la palabra del Señor lo había anunciado por medio de Elías, no se agotó la harina de la tinaja ni se acabó el aceite del jarro»*** (versículo 16). No deja de asombrarme lo que Dios puede hacer en la vida de aquellos que le obedecen.

Un tiempo después, el hijo de la viuda enfermó y murió. Ella le dijo a Elías: ***«¿Por qué te entrometes, hombre de Dios? ¡Viniste a recordarme mi pecado y a matar a mi hijo!»*** (versículo 18).

Cuéntale todo

Luego Elías tomó al hijo de la viuda y lo llevó al

aposento alto donde estaba viviendo. Y allí oró: ***«Señor mi Dios, ¿también a esta viuda, que me ha dado alojamiento, la haces sufrir matándole a su hijo?»*** (versículo 20).

La oración de Elías nos lleva a nuestro próximo paso para sentir el cuidado apasionado de Dios. Le decimos cómo nos sentimos. Él de todos modos lo sabe, pero qué será que cuando nos lastimamos o frustramos con Dios porque las cosas no nos salen como creemos que deberían, ¿nos apartamos de él? Le decimos que no nos dirija la palabra, cuando lo que necesitamos es contarle todo.

Cuando Elías oraba por el muchacho, él volvió a la vida y vivió. El profeta lo trajo a su mamá diciéndole: ***«¡Tu hijo vive! ¡Aquí lo tienes!»*** (versículo 23).

Ella respondió: ***«Ahora sé que eres un hombre de Dios, y que lo que sale de tu boca es realmente la palabra del Señor»*** (versículo 24). Al principio —aseveró la mujer—: Sabía que eras un creyente, pero ahora que he visto a Dios obrar en mi vida de una manera cercana y personal, ¡también soy una creyente! Reconozco que el Dios del que hablas es el único Dios verdadero.

¿Por qué Dios permitió que la angustia llegara a la vida de esta viuda? ¿Por qué murió su único hijo? Para que ella tuviera un encuentro salvífico con el Dios viviente. Esa dama camina hoy por las calles de oro. No creo que le hayan incomodado esas penurias en los últimos dos milenos, ¿y tú?

Luego Dios le dijo a Elías que era momento de volver a confrontar a Acab. Al reunir a los profetas de Baal y al pueblo de Israel, él preguntó: ***«¿Hasta cuándo van a seguir indecisos? Si el Dios verdadero es el Señor, deben seguirlo; pero, si es Baal, síganlo a él».*** (1 Reyes 18.21 NVI) Luego convocó a un enfrentamiento en el Monte Carmelo: ***«Tráigannos dos bueyes. Que escojan ellos uno, lo descuarticen y pongan los pedazos sobre la leña, pero sin prenderle fuego. Yo prepararé el otro buey y lo pondré sobre la leña, pero tampoco le prenderé fuego. Entonces invocarán ellos el nombre de su dios, y yo invocaré el nombre del Señor. ¡El que responda con fuego, ese es el Dios verdadero!»*** (versículos 23–24). Y el pueblo dijo: «¡Hagámoslo!».

Elías dejó pasar primero a los profetas de Baal. Ellos colocaron a su buey en el altar y oraron desde el amanecer hasta el mediodía. Luego Elías comenzó a burlarse de ellos: ***«¡Griten más fuerte!»***, les decía. ***«¡Seguro que es un dios! Pero tal vez esté meditando, o esté ocupado o de viaje. ¡A lo mejor se ha quedado dormido y hay que despertarlo!»*** (versículo 27). La Biblia Dios habla hoy dice: ***«A lo mejor está ocupado o está haciendo sus necesidades».*** (¡De verdad dice eso!)

Así que los profetas de Baal gritaron más fuerte y comenzaron a cortarse como era su costumbre. Oraron hasta la tarde: ***«Pero no se escuchó nada, pues nadie respondió ni prestó atención»*** (versículo 29). ¿No es igual que con Satanás que te atrae solo para fallarte y reírse de ti?

Luego Elías dijo: «Quítense muchachos, ya van a ver lo que Dios es capaz de hacer». Construyó un altar con doce piedras que representaban las doce tribus de Israel. Cavó una zanja alrededor y les instruyó que llenaran de agua cuatro cántaros y que los vaciaran sobre el holocausto, ¡no una vez sino tres veces! Él quería cerciorarse de que los presentes supieran que no había ningún truco: Si este holocausto húmedo prendía fuego tendría que ser un milagro.

A la hora del sacrificio vespertino, el profeta Elías dio un paso adelante y oró así: ***«Señor, Dios de Abraham, de Isaac y de Israel, que todos sepan hoy que tú eres Dios en Israel, y que yo soy tu siervo y he hecho todo esto en obediencia a tu palabra. ¡Respóndeme, Señor, respóndeme, para que esta gente reconozca que tú, Señor, eres Dios, y que estás convirtiéndoles el corazón a ti!»*** (versículos 36–37). Me sorprende el potencial del reino de Dios cuando no nos importa quién se lleva el mérito. Elías le dio la gloria a Dios.

Él pudo haber dicho: «Bien, ya ven que tengo valor y que he confrontado a Acab no una sino dos veces. Y está también lo del milagro del hijo de la viuda. ¿O acaso no se han enterado? Amigos, ¡la resurrección es un concepto novedoso! Veamos la realidad. Puedo hacerlo». ¿Cuántas veces hemos visto personas en la comunidad cristiana que realzan su capacidad, no el talento mismo o al dador del talento, el Espíritu del Dios viviente? Pero no Elías. Él le hizo saber al pueblo de Israel cuál era la fuente de su poder.

«En ese momento cayó el fuego del Señor y quemó el holocausto, la leña, las piedras y el suelo, y hasta lamió el agua de la zanja». (Versículo 38) Con eso basta para que grites ¡Aleluya! Cuando el pueblo vio esto, se postraron y exclamaron: «¡El Señor es Dios! ¡El Señor es Dios!». Luego Elías ordenó que agarraran a los profetas de Baal. «¡Que no se escape ninguno!», ordenó. Luego hizo que los bajaran al arroyo Quisón y allí los ejecutó.

Apretarse más fuerte

Cuando leí esto la primera vez, pensé, ¡qué duro! Pero luego me di cuenta de que esta acción drástica para limpiar a Israel nos sirve de ejemplo para limpiar el pecado de nuestra vida. Cuando lo encontramos en el corazón, tenemos que cortarlo sin mucho protestar. Ese es el próximo paso para permanecer conectados a Dios a pesar de las circunstancias. Si queremos sentir el cuidado apasionado de Dios, tenemos que confiar en Él, decirle cómo nos sentimos y luego nos apretamos más (aunque nos cueste), especialmente cuando no es fácil.

Si vamos a permanecer conectados al Señor, no podemos mojarnos los dedos en la alberca del pecado. No se debe decir: «Puedo acostarme con mi novio pues otras jóvenes de la iglesia lo hacen». O: «Puedo beber con mis amigos después del trabajo, sin emborracharme, solo marearme». No puedo participar en chismes de iglesia por muy picantes que sean y salir con: «Solo quería que supieras para que puedas... orar». Si queremos sentir la pasión de Dios por nosotros, no podemos estar indecisos como los hijos de Israel. Tenemos que apretarnos más y abrazar un estilo de vida que honre a Dios.

Entonces Elías informó al Rey Acab que iba a llover. El profeta envió a su siervo al litoral para ver si había nubes de lluvia, pero no había nada allí. Lo hizo siete veces y solamente a la séptima visita alcanzó a ver algo el siervo: ***«Desde el mar viene subiendo una nube. Es tan pequeña como una mano».*** (1 Reyes 18.44 NVI) No había llovido en años: tres años según los comentarios. Si yo fuera Elías, quisiera que el creador del universo saliera con una nube un poco más grande que una mano para demostrar que mi pronóstico de lluvia acaba la sequía. Pero Elías fue fiel a pesar de las circunstancias.

Envió a su siervo a decirle a Acab que enganchara

el carro y que se fuera hacia el mar antes de que la lluvia lo detuviera. Luego, el poder de Dios vino sobre Elías y él recogió sus prendas y se adelantó al carro de Acab ¡más de 20 kilómetros! ¡Otro prodigio!

Cuando Jezabel se dio cuenta de lo que Elías había hecho a sus profetas de Baal, envió un mensaje vengativo de que iba a hacer con él lo que había hecho con sus profetas. En otras palabras, ¡que se considerara muerto! En el versículo 3 de primero de Reyes, capítulo 19, leemos: ***«Elías se asustó y huyó para ponerse a salvo».*** (1 Reyes 19.3 NVI) Se aventuró un día por el desierto, llegó donde había un arbusto y se sentó a su sombra con ganas de morirse. He aquí un hombre a quien milagrosamente le dieron de comer cuervos, que levantó de los muertos al hijo de la viuda, que convocó fuego del fuego, que fue mucho más veloz que un carruaje y ahora lo vemos debajo de un arbusto ¡temeroso de una mujer inicua!

Esta historia le habla a mi corazón porque temo que si tuviera un arbusto de ese tipo en mi patio, habría suficiente espacio al pie para acomodar mi cadáver. Puedo ver el paisaje de mi vida y los portentosos milagros que Dios ha hecho a mi favor, y aun así estar temblando de miedo al borde del colapso. A pesar de las veces en las que Él me ha socorrido, soy especialista en lloriquear. Me es tan fácil olvidarme de Sus beneficios, aun cuando Su Palabra me instruye a no olvidarlos. (Salmos 103.2)

En lo que Elías yacía allí, se quedó dormido. ***«De repente, un ángel lo tocó y le dijo: "Levántate y come"».*** (1 Reyes 19.5 NVI) A veces cuando nos vemos abrumados de desánimo, lo que necesitamos es tomar una siesta y comer un refrigerio porque la fatiga nos acobarda a todos. Elías ***«miró a su alrededor y vio a su cabecera un panecillo cocido sobre carbones calientes y un jarro de agua»*** (versículo 6). Comió y bebió y volvió a acostarse.

«El ángel del Señor regresó por segunda vez» (versículo 7). Quienes saben de estas cosas dicen que el Ángel del Señor es Jesucristo preencarnado. En el tiempo de miedo y duda de Elías, el Señor Jesús mismo apareció para darle lo que necesitaba. Le ofreció a este siervo sin esperanza alimento para fortalecerlo, bebida en la sequía, apoyo y ayuda a pesar de la actitud de Elías.

Dios pudo con voz de trueno mostrar Su descontento desde los cielos con Su seguidor falto de fe. «¿Cómo te atreves Elías? Después de todos los prodigios que he hecho por ti. ¿Quién te crees que eres, ingrato llorón? ¿Dónde está el botón cósmico?». Pero el verso nos confirma que ese no es el estilo de Dios. Él nos ama a pesar de nuestras faltas y ¡gracias por ello! Necesitas saber que cuando estás bajo «el arbusto» temblando de miedo, Jesús se te mostrará también. Él se apasiona por la persona que está leyendo este libro.

Elías comió el alimento que se le dio y fue fortalecido para lo que quedaba del viaje. Viajó 40 días y 40 noches hasta llegar al monte Horeb, la montaña de Dios. Allí llegó a una cueva para pasar la noche: ***«Más tarde, la palabra del Señor vino a él. —¿Qué haces aquí, Elías? —le preguntó?»*** (versículo 9). No con condena ni vergüenza, sino con un preocupado «¿Qué onda?».

Luego Elías se tiró un historión sobre lo mal que le había ido. Concluyó su discursito diciendo que era el único profeta de Dios que quedaba vivo y que también a él querían matarlo. ¿Ya te ha pasado eso, pensar que eres el único que atraviesa malos momentos y que nadie más puede entender tu dolor? En realidad, había 7.000 hombres que no se habían inclinado ante Baal. El Señor estaba ejercitando una inmensa paciencia con este siervo llorón. El Padre Celestial de Elías le tenía reservada una poderosa lección.

Toma tiempo para oír el suave murmullo

Dijo el Señor: «Sal y preséntate ante mí en la montaña porque estoy a punto de pasar por allí. Luego vino un viento recio, tan violento que partió las montañas e hizo añicos las rocas. Pero el Señor no estaba en el viento. Después del viento vino un terremoto, pero tampoco estaba en el terremoto. Tras el terremoto vino un fuego, pero el Señor tampoco estaba en el fuego. Y después del fuego vino un suave murmullo».

Cada día vemos el torbellino de nuestra rutina diaria que nos azota y maltrata. Enfrentamos la sacudida y el temblor del terremoto de la vida diaria. Encontramos que nuestro tiempo se consume apagando fuegos en lo que lo inmediato ahoga lo eterno de nuestra vida. Pero la Escritura es clara en cuanto a que el Señor no estaba en el viento recio, ni en el terremoto ni en el fuego. Eso ilustra nuestro próximo paso para sentir la presencia apasionada de Dios en nuestra vida. Tenemos que apartar tiempo para oír el suave murmullo. Si Elías quería oír la verdad del bálsamo curativo de Dios, tenía que aquietarse el tiempo suficiente para poder oír esa ***«voz apacible y delicada»*** (versículo 12 JBS).

En esos quietos momentos, el Señor le reveló Sus designios al profeta, cómo Él ya había preparado quién lo sustituiría y qué le ocurriría a quienes lo rodeaban. Pero tal como vimos en el último capítulo, tenemos que estar muy quietos para recibir la restauración que Dios tiene para nosotros. (Salmos 46.10)

Lo malo e inevitable

¿Ya te ha ocurrido que cuando el viento recio, el terremoto y los fuegos te han consumido y la vida te exige más confianza de la que tienes? Mírate ahora debajo de un arbusto, decepcionado, deprimido y temblando de miedo. Yo sé qué es eso. Ocurrió cuando Ashley Rose tenía cinco años y enfrentaba su tercera cirugía de corazón. Las dos cirugías anteriores nos llevaron al límite y ni mi preciosa hija ni yo estábamos listas para otra.

Ashley acababa de comenzar la parvularia y a medida que su corazón se iba debilitando más y más, se volvió cada vez más difícil para mí confiar en el Señor. En una sombría noche de invierno, el despacho del cirujano llamó desde UCLA. Tenían espacio y fecha de intervención para Ashley. Después de amplias instrucciones sobre su extensa estadía en el hospital, el cirujano comentó sobriamente: «Dada la dificultad del procedimiento de esta magnitud y de su frágil estado, necesito que se preparen para que no regrese».

Me llevó un momento recuperar mi aliento y cuando asimilé sus palabras todo lo que pude decirle fue: «Doctor, trato con muchas personas en situaciones traumáticas, pero debo decirle que no sé cómo hacer eso».

Me encontré a diario, arrastrándome desde debajo del arbusto dando un paso a la vez. El Señor era todo lo que tenía, así que no me quedaba más que confiar en Él. Pero tenía que decirle cómo me sentía. No podía guardármelo en el pecho y me sentía como si fuera una bomba de tiempo.

Mi horario estaba siempre ocupado, ya sea trabajando, haciendo algo en la iglesia o con mis niños. No tenía idea de cuándo iba a encontrar tiempo para procesar todo lo que estaba girando en mi mente. Así que un día a principios de la primavera en la primera merienda de la temporada en la iglesia, le pedí a otra madre que mirara a mis dos niños mayores, dejé a Ashley con su papá y me fui de caminata. Me encontré yo misma en una cala, donde me senté en la playa, y finalmente dejé de guardarme todos mis sentimientos: «¡Eres Dios!», grité en aquella cala vacía. «Si movieras un dedo sanaría mi niña». Y me sentí bien de sacármelo pero mis palabras parecían solo hacer eco en los pinos esa tarde.

Llegó el día cuando tuvimos que llevar a nuestra preciosa niña al hospital en UCLA. No habíamos sino entrado cuando las enfermeras se la llevaron en una camilla dejándome con un sentimiento de total impotencia. Esperé nueve largas horas debajo de ese arbusto del miedo temiendo el golpe fatídico. Así que hice de tripas corazón sentada allí recordando cada versículo, sermón o cántico que me había traído esperanza. Llegadas las diez de la noche, a mi esposo y a mí nos permitieron entrar a recuperación cardíaca.

Con un peso de unos 15 kilos, Ashley parecía muy frágil y débil allí, conectada a un respirador. Tenía una sonda, suero o un tubo de drenaje en cada centímetro cuadrado de su frágil cuerpecito, salvo por un lugar en la cabeza donde una preciosa enfermera de Los Angeles le peinaba el cabello y le transmitía calma al hablarle, mientras la niña dormía.

—Caramba —nos informó la enfermera—: es asombroso. Su hija se va poniendo cada vez mejor. ¡Es algo milagroso y aún más!

—¡Este es un milagro, cariño! —le expresé.

Cada dos o tres minutos, alguien venía a quitarle otro tubo o cable. En lo que la niña mejoraba, la enfermera nos pidió salir un momento para que pudieran quitarle el ventilador. Regresé al lado de su cama tan pronto me lo permitieron. El zumbido, ronroneo y ruido sordo de todas las máquinas se había extinguido: Ashley dormía apaciblemente. Su magnífica enfermera, que seguía a su lado, de dijo que iba a sentarse en la estación de enfermeras frente al cuarto a tomarse una soda. Le dije que se merecía una caja entera.

De pie a un lado de la cama de mi hija, al observar el vaivén de su respiración, le agradecí a Dios por cada suspiro, y entonces noté la salida del sol. Justo sobre mi hombro la tenue luz matutina entraba por las persianas y en la quietud del momento, pude oír el suave murmullo.

—Lo malo e inevitable no ocurrió, ¿o sí, Linda? Siempre ha ocurrido. Al menos así se siente, ¿o no? Pero estoy aquí para enseñarte que voy a cuidar de ti. Estás con papá. Todo va a estar bien.

Ashley siguió recuperándose después de su cirugía, pero no se nos garantizaba que no volvería a pasar por esto muchas veces en su vida. Sin embargo, tenía la garantía de que Dios me haría superarlo sin importar lo que la vida me lanzara.

Después que conté esta historia en un retiro de mujeres, Marie, una bella pastora, se me acercó y me comentó cómo ella no pudo conservar a su Ashley. Justo después de que su hija cumplió 16 años, murió en un accidente automovilístico:
—Linda, es justo como lo que dijiste de Elías —me confió—. Tuve que confiar aunque fuera dificilísimo. Tuve que obligarme a salir de la cama cada día y hacerme entrar por las puertas de la iglesia y estar con otras personas. Porque lo que realmente quería era quedarme en casa, arrastrarme a la cama y encender al máximo mi sábana eléctrica para siempre.

Tuve que decirle a Dios cómo me sentía por lo regular durante los primeros tres meses. Me sentía airada; me sacrificaba para servirle y no parecía justo. Dado que yo cuidaba de Sus hijos, pensé que Él necesitaba cuidar de los míos. Pelearme con Dios no me hizo apartarme. En aquellos momentos de hablarle con honestidad, aprendí más de mí misma y de Dios que si no hubiera pasado por lo que pasé.

Al aferrarme a todo lo que había aprendido sobre la fe, me exigí más. El verso que me socorrió fue

Deuteronomio 33.27a: *«El Dios eterno es tu refugio; por siempre te sostiene entre sus brazos»*. (NVI) Cada vez que lo leía, oía el suave murmullo del Señor. Han pasado dos años y todavía lo oigo. Me saca de la cama cada día y me ayuda a dormirme por las noches.

Marie sintió la presencia del Señor de una manera más palpable, cuando más lo necesitaba: «Me di cuenta de que Dios me ama a pesar de mí misma», declaró. Dios anhela acudir a ti, también. Siente Su apasionado cuidado. Sin importar cuál sea tu situación, Dios cuida de ti.

Pasos hacia el éxito: Vuelve a leer las cuatro acciones para conectarte con Dios, que se narran aquí en la historia de Elías:

- Confiar en Él.
- Contarle cómo te sientes.
- Apretarse más fuerte.
- Dedicar tiempo para escuchar lo que el Señor tenga que decir.

Apunta lo que aprendiste de esta historia de la Biblia acerca de la naturaleza de Dios en cada paso.

¿Qué ha hecho recientemente el Señor por ti?

Anótalo en tu diario. Ahora bien ¿Qué planeas hacer por Él? ¡Sueña en grande!

Capítulo 12

El propósito: En verdad divino

12

—Voy entrando del laboratorio — suspiró ella—. Tengo tanto que hacer que no quisiera descuidar al niño.

—Estás apartando tiempo para llevarlo al zoológico —la corregí.

—Este es el primer día bonito que hemos tenido y es mi primera tarde libre en las próximas seis semanas —se lamentó Donnetta.

—Sí, y la estás pasando con tu hijo, —le recordé—. Me deleito en que pasen tiempo de calidad juntos.

—Ojalá tuviéramos más. El estudio me consume

mucho pero intento no volverme neurótica. En la preparatoria vivía apurándome y siempre sentí mucha presión de rendir bien. Ahora sé que tenía una necesidad profunda de demostrar mi valía ante mi papá, así que sentía que tenía que ser perfecta. Eso me volvía loca en el estudio. A veces antes de los exámenes, no pegaba un ojo. No puedo permitírmelo ahora pues tengo un niño que atender, y eso me fuerza a apoyarme en Dios. Intento utilizar el Diálogo diario y hablar con el Señor el día entero, pero mis clases me exigen tanto y me siento obligada a sacar las máximas calificaciones. La parte difícil es que ahora puedo hacerlo si me obsesiono, pero entonces todo lo demás decae. Ahora tengo a Charlie y no quiero sacrificarlo.

—El perfeccionismo es un problema pernicioso, especialmente cuando nos vemos obligados a demostrar nuestra valía ante alguien que nunca está satisfecho. Debido a que mi mamá era como tu papá y nada de lo que hacía estaba bien, desperdicié mucho tiempo inquietándome sobre mi rendimiento e intentando ponerme a la altura. Fue allí cuando descubrí un par de gemas de verdad de las Escrituras que me liberaron. La primera se encuentra en la historia de Marta y María.

Escoger la mejor parte

Cada vez que Jesús venía a Betania, sabía que

tenía un lugar donde quedarse y alimento, en la casa de María, Marta y su hermano Lázaro. En una de esas visitas, Él estaba enseñando en lo que María estaba sentada a Sus pies prestando atención a lo que Jesús decía. ***«Marta, por su parte, se sentía abrumada porque tenía mucho que hacer. Así que se acercó a él y le dijo: —Señor, ¿no te importa que mi hermana me haya dejado sirviendo sola? ¡¡Dile que me ayude!!.*** (Lucas 10.40 NVI) Marta era una de esas personas mandonas y perfeccionistas, y podemos notarlo porque era una de las pocas personas que tenía valor como para ¡mangonear al Hijo de Dios! —dijo Donnetta riéndose en lo que proseguí mi relato.

Veamos lo que sucedió: ***«Marta, Marta —le contestó Jesús—, estás inquieta y preocupada por muchas cosas, pero solo una es necesaria. María ha escogido la mejor, y nadie se la quitará».*** (Lucas 10.41–42 NVI) No hay duda que Marta sentía la profunda necesidad de impresionar al Maestro, pero eso hizo que la consumiera lo inmediato y se perdiera lo eterno.

—Marta es como yo porque puedo estar trabajando en un plan y encontrar difícil, como ella de renunciar a mi agenda —opinó Donnetta.

—Yo también, —respondí—. Por eso es que valoro mucho esta historia. En verdad vas a identificarte con lo que el Señor me mostró.

En el versículo 41, las palabras inquieto y preocupado se utilizan en la Nueva Versión Internacional. En la versión Reina Valera esas palabras son afanado y turbado. Esta última palabra se utiliza en la Reina Valera en Juan 5.4, para describir cómo el ángel «agitaba» el agua en el estanque de Betesda para enturbiarlo o moverlo. Entonces Dios sanaba a quien entrara al agua cuando eso ocurría. Sería fácil pensar que la palabra turbado en Lucas 10 significa lo mismo que en el evangelio de Juan, pero un mayor estudio revela que hay dos palabras distintas para problema o emproblemado en el griego.

En Juan 5, la palabra griega para emproblemado es la palabra ***tarazo***. Significa agitado o incómodo como vimos con las aguas descritas anteriormente. Pero en Lucas 10, la palabra que se utiliza para emproblemado es ***toorbadzo***, que significa causar problemas.

—Y esa es una gran diferencia, —Donnetta asintió con su cabeza.

—Pensé lo mismo. Me ayudó a darme cuenta de que, como Marta, me complico la vida al inquietarme por cosas que o no valen la pena o de las que Dios ya se ha ocupado. Mientras tanto, podría estar descansando a los pies de Cristo como María.

A una amiga misionera le gustaba decir que si

Jesús le hubiera dicho a María que se metiera a la cocina a ayudar a Marta, ambas podrían haberse sentado a Sus pies. Mi amiga era impulsora como yo. El Señor conoce nuestra naturaleza y sabe que en su necesidad de sentirse capaz y diligente, Marta habría encontrado más cosas que hacer. Así que el Señor le estaba diciendo: «Martha, Martha —cariño, cosita, mamita— te complicas demasiado la vida. Pide a domicilio y siéntate un rato a mis pies. No te preocupes por detalles de la alfombra o si la comida va con los platos. No tienes que ser la Marta Stewart de Betania. Marta, cariño, es a ti a quien quiero, no a tu desempeño».

—¿Y ahora Jesús tiene acento sureño? —Donnetta Jean se reía nerviosa.

—Sabía que no me la dejarías pasar.

A calmar a mamá dragón

—Donnetta, no cometas el mismo error que yo. He pasado mucho tiempo preocupándome en vano en preguntarme si he estado a la altura de nosotras dos. Tenía que sacar diez en los exámenes para ser presidenta de un club, luchar por ser la primera intérprete en una banda, etc. Ya fuera que se tratara de mi peso, calificaciones, hacer la limpieza o ser madre, me volví neurótica intentando demostrar que valía algo. Un día, cerca ya de los treinta, después de perseguir a dos preescolares todo el día, de limpiar el mismo desastre vez tras vez y de preguntarme por qué acepté no solo recibir a un grupo de estudio bíblico sino liderarlo, colapsé, extenuada. Las palabras de Mateo 11.28 hicieron eco en mi cabeza: «Vengan a mí todos ustedes que están cansados y agobiados, y yo les daré descanso». (NVI)

—Les acababa de gritar a mis niños por ser niños y ahora estaban en sus cuartos, intimidados. Sintiéndome culpable, desanimada y preguntándome por qué me sentía obligada a ser súper mujer, tomé mi Biblia para leer lo que había recordado: ***«Vengan a mí todos ustedes que están cansados y agobiados, y yo les daré descanso. Carguen con mi yugo y aprendan de mí, pues yo soy apacible y humilde de corazón, y encontrarán descanso para su alma. Porque mi yugo es suave y mi carga es liviana»*** eran las palabras de Mateo 11.28–30.

En ese tiempo, no sabía por qué me sentí obligada a buscar la palabra descanso en la Concordancia Strong; tal vez porque necesitaba con urgencia saberla. Ahora sé que era el Señor impulsándome. La palabra descanso en este versículo en el griego es exento. Lloré como un bebé cuando el Señor me dijo: «Estás exenta de tanto afán, Linda. Eres suficiente».

«Carguen con mi yugo y aprendan de mí porque soy apacible y humilde de corazón», — leí las palabras. Cuando estoy en mi modo súper vigilante y de que lo puedo todo, lo menos que soy es apacible y humilde. Estoy agobiada, molesta e impaciente. Y todo mundo a mi alrededor es testigo.

—Sé lo que quieres decir —convino Donnetta—. Cuando tengo demasiadas tareas, Charlie paga el precio. —Puso a su niño adormitado en sus piernas junto con su libro de colorear.

—Por eso es que mis pobres niños estaban en sus cuartos aquel día, temiendo que mamá dragón volviera a echar fuego, —agregué.

—La lectura de esos versículos en Mateo me señaló a tomar el yugo de Cristo, aprender de Él, y así encontrar descanso. En aquel momento oí al Señor decir: «Hagamos trueque, Linda, tú tomas mi carga y yo la tuya».

—El que toma el yugo no toma jugo —dijo Donnetta Jean en broma en lo que ponía a dormir a su hijo en un sillón.

—Pero qué ingeniosa, expresé y sonreímos juntas.

—Creo que es exactamente lo que dice el verso, —le confirmé—. El intentar constantemente probarse a sí mismo no es para nada una carga fácil. La Escritura me recuerda que no necesito ser perfecta para demostrar que soy digna de ser amada y que Cristo en mí es mi única esperanza de gloria. (Colosenses 1.27)

—Es tan fácil caer en los viejos hábitos —enfatizó Donnetta Jean—. En estos días, se me hace más fácil ignorar los comentarios de mi papá. Me recuerda a cada rato que tuve que sacar el título por equivalencia para terminar la preparatoria. Lo que no sabe es que mi perfeccionismo me agobió. Me di cuenta en consejería que todo mi esfuerzo consistía en probarle a él que yo podía hacerlo. Es irónico, ¿no?

—No tienes que demostrarle a nadie, incluyéndote a ti misma que sí puedes. Jesús se encargó de ello en el Calvario, —le informé.

—Donnetta, hay personas cuyo propósito en la vida es demostrarse que valen ante un padre despreciativo, vivo o muerto, y ellas ni siquiera lo saben. Allí tenemos al corredor de bolsa que crea una enorme empresa y amasa una gran fortuna, pero nunca está satisfecho. Por dentro intenta compensar la continua decepción de su papá de que su hijo nunca jugó fútbol profesional. Existe el estudiante universitario anoréxico que estudia día y noche para intentar sobreponerse a las críticas corrosivas de su controladora madre. Estas historias son, tristemente, innumerables.

—Es fácil ver cómo una persona puede quedar atrapada y ni siquiera darse cuenta —comentó Donnetta.

—Eso crea tal amargura en la vida de las personas

cuando malgastan sus esfuerzos en intentar ganarse el favor de alguien que es incapaz de dárselo a ellas. Escuché a un orador decir que podemos esforzamos por subir a lo alto de la escalera solo para darnos cuenta de que se apoya contra el edificio equivocado.

—Eso da miedo.—Donnetta sonó contemplativa—. Pero veo que puede ser cierto.

—No cuando vivimos cada día con los propósitos de Dios en mente, —le dije—. Te veo de lleno en Sus planes para ti, nena. Eres una madre excelente y magnífica alumna de recuperación. Has crecido tanto desde que comenzamos este proceso que no dejes que Satanás te diga lo contrario. Sabes que ¡te vendería una caja si la compraras! Vives tu vida proactiva y no reactivamente, y vas en pos de un propósito con un futuro y una esperanza.

—Muchas gracias —respondió Donnetta sinceramente, aceptando mi elogio—. Siento que he avanzado mucho. No quiero vivir mi vida para complacer a mi papá, pero tampoco quiero vivirla solo para mí. Quiero hacer algo para Dios.

Respondiendo a las sugerencias de Dios

Estuve pensando sobre mi propósito la semana pasada, justo antes de que anunciaran un viaje misionero a México en la iglesia. Sentí que venía de Dios en verdad. Entonces cuando salía de la iglesia, me alcanzó mi líder de grupo y me presentó a una de las coordinadoras del viaje, una amable hermana llamada Madeline. Me preguntó sobre cómo iba en los estudios y me dijo que yo sería de gran ayuda para los otros dentistas. Le dije que no tenía experiencia alguna, pero siguió asegurándome de que tenía más formación que la mayoría. Entonces en verdad pensé que era cosa de Dios.

—¿Qué piensas, Linda? ¿Estoy lista para algo así? —preguntó Donnetta, evidentemente ansiosa por saber mi respuesta.

—¡Creo que eso suena fantástico! —la motivé.

—El grupo va a ir en la semana de la vacación de primavera, y Charlie estará con los padres de Eric. Ellos son buena gente y piensan lo mismo de su perdido hijo que yo. Y toda su adoración es su nieto; así que supongo que pensamos lo mismo de Charlie, también. —Donnetta Jean mostró una sonrisa que me decía que sentía más confianza en sí misma.

—Contaré con varios meses de capacitación como asistente dental. Y espero que algo sabré para ayudar entonces a los dentistas. Madeline dice que cualquier ayuda extra les vendrá bien.

—Estoy segura de que eso es cierto. Es una maravillosa oportunidad, y ¡estoy encantada de que quieras hacerlo!, —la encomié.

—Y no me preocupa tanto la parte de mi novatez como dentista sino la del testimonio. Creo que habrá preguntas sobre Dios y mi fe, y no sé qué decir. De todos modos, siento que tengo que darle algo al Señor por todo lo que me ha dado. Una semana en México ayudando a niños huérfanos no califica de pago de mi deuda, pero es un inicio.

—Cuando estaba en la preparatoria —prosiguió Donnetta—, la esposa de mi pastor de jóvenes me dio un cuadro de Jesús con estas palabras al reverso: «Una vida pronto pasará, solo lo hecho para Cristo perdurará». Siempre he creído que eso es cierto, pero dejo que mi enojo y mi confusión me impiden actuar tal como hice. Ahora que me he liberado de tanta carga, quiero vivir la vida como si creyera esas palabras.

—Pienso que Dios se ve muy bendecido por tu actitud. Te dará lo que hay qué decir cuando lo necesites. Mi antiguo pastor solía decir: «Dios no llama a los equipados, sino que equipa a los llamados». El Señor me lo demostró en las Filipinas.

—¿Por qué fuiste allí? —preguntó Donnetta.

—Para obedecer al Señor, que es la misma razón por la que irás a México, —le comenté—. Pensé que iba a ayudar a otras personas, pero Dios tenía lecciones increíbles para mi aprendizaje. —Con Charlie dormido plácidamente a la par de su madre, comencé mi relato.

Equipamiento divino

Siempre me he sentido satisfecha de servir al Señor en mi iglesia que yace en los pinares en la entrada sur del parque nacional Yosemite. ¡Es un trabajo duro pero alguien tiene que hacerlo! A pesar de que mi esposo y yo recibimos muchas invitaciones para ir al campo misionero de hermanos en la iglesia que han ido, nunca nos sentimos compelidos a ir, no hasta que Leslie, la encargada de nuestro comité de misiones, volvió a casa de las Filipinas.

Leslie es una dama de ágil mente y enorme corazón con la gente de Dios que iba a una base de Youth With a Mission en Olongapo, Filipinas para ayudar a los trabajadores en su ministerio con antiguas prostitutas. En la base, a las chicas las llamaban discípulas y en las calles chicas del bar porque muchas de ellas fueron vendidas a dueños de bares por sus propios padres para que pudieran pagar la leche de sus hijos menores. Las chicas entraban a la prostitución porque querían que sus hermanitos comieran, tuvieran agua potable o atención médica. Cuando Leslie nos contó esa historia en la reunión de personal, derramé lágrimas sobre la bandeja de donas. Cuando nos preguntó si queríamos ir con ella, yo estaba lista. Ella quería saber si yo daría un retiro para las discípulas. ¡No veía la hora!

Al acercarnos a la fecha de viaje, se volvió obvio

que mi esposo no iba a desocuparse de sus tareas. Definitivamente prefería ir a una misión al extranjero, con Bruce. Pero aun cuando él no pudiera ir, me sentía impulsada a formar parte del equipo. Cuando Leslie les dijo a los líderes de la base que yo haría un retiro para las chicas, ellos comentaron lo agotados que estaban y preguntaron: —¿Podría Linda hacer un retiro para nosotros también?

—Sería un honor hablar con esos comprometidos siervos de Dios en las Filipinas —le informé a Leslie.

Los misioneros de la base eran muy flexibles y de gran ayuda. Su sacrificio y compromiso con Dios era una bendición digna de admirar. Pero a medida que el día del retiro se acercaba, me di cuenta de que necesitaba más que solo encomio. Necesitaban herramientas para ayudarlos a estructurar sus roles efectivamente e ideas sobre técnicas prácticas de liderazgo.

Olvidé cada cosa que aprendí de María y confiar en Dios y entré de lleno a la personalidad de Marta y me quejé. Esto está duro Señor. Sí que necesitan ayuda. ¡Va a requerir más que ponerle tres consejos y un poema! Oré en la privacidad de mi cuartito. ¿Por qué no le ayudaste a Bruce con su horario? Él puede hacer la capacitación de liderazgo hasta dormido. ¿Por qué no enviaste a Ron George, el encargado de la junta? Él vive de enseñar sobre liderazgo. Señor, Tú sabes que ¡no tengo nada para estas personas y se merecen tanto! Me lamenté, desvelada por el cambio de horario y la preocupación.

El día del retiro llegó y un pastor vecino ofreció llevar el equipo a un merecido descanso y esparcimiento. «Necesito quedarme y prepararme para el retiro», le dije al equipo. La verdad es que ansiaba tener un momento de silencio para poder oír a Dios y averiguar qué palabra llevar a estos agotados siervos. Pero nada surgió.

Aun cuando abordamos un jeepnee (un jeep de la Segunda Guerra Mundial reacondicionado para uso en el transporte público), todavía no tenía idea de qué iba a decir. En la personalidad de Marta, tenía que memorizarme cada charla, seleccionar cada versículo y hacer apuntes con fuente 14, con días de anticipación.

Nos acomodamos en nuestros cuartos y deambulamos para encontrar juntos la sala de reuniones. Al ponerme de pie y caminar hacia el podio, sentí los ojos puestos en mí con expectativas, y en el momento que abrí la boca, escuché al Señor decir claramente en la quietud de mi mente: Habla de temperamentos.

«Muy bien Señor, puedo hacerlo. Incluso traje ciertas pruebas pues siempre llevo algunas en mi carpeta de presentaciones. Es una buena idea, Señor».

Justo en ese momento envié a alguien a sacar unas copias y luego en silencio pregunté: «¿Cómo voy a hacer Señor? Hay dos misioneras noruegas, un montón de filipinas, hablo en inglés y los términos para explicar los temperamentos están en griego, ¿cómo se supone que esto funcione?».

Inmediatamente pensé cómo Gary Smalley y John Trent utilizaron animales. Eso puede funcionar, razoné. Pero la noche anterior había cenado con uno de las asombrosas noruegas y hablamos de cuánto nos gustaban nuestros perros, un sentimiento que no se comparte en Asia. Le dije a Hilde que mi perro también ahuyenta a zorrillos y coyotes. Ella nunca había visto un coyote y no sabía lo que era un zorrillo.

Muy bien, Señor, los animales quedan descartados.

En ese momento oí que el Señor decía: Utiliza personajes bíblicos.

Brillante, pensé. Eso es algo que todos tenemos en común. Haciendo un inventario mental rápido, me di cuenta de que Simón Pedro era sanguíneo, el apóstol Pablo era claramente colérico, el profeta Elías ilustra el temperamento melancólico y que Abraham desplegaba rasgos de personalidad flemática. Gracias Señor. Esto va a funcionar.

Después de describir cada temperamento y que los miembros se sometieran a la prueba, les pedí que compartieran lo que habían descubierto de sí mismos. Cuando la segunda persona comenzó a hablar, claramente oí decir al Señor: —Apúntalo.

Cuando el tercer miembro todavía estaba hablando, mire lo que había escrito y mi presentación tomó forma. Me dije a mí misma, «puedo verlo ahora, sé cómo puedo ayudar a estas personas».

En lo que revelaban sus temperamentos, era obvio para mí qué rol necesitaba desempeñar cada uno en la base. Podían operar en sus especialidades, funcionar más eficientemente y ser más felices haciéndolo. Mi Dios, sí que eres fiel, pensé al explicarles todo esto a ellos lentamente en inglés para que no hubiese necesidad de un intérprete.

Del resto del retiro, hablamos de deberes y responsabilidades. Tocamos el cuidado a uno mismo para que pudiéramos estar en lucha. Hablamos de sus sueños para el futuro de la organización. Por años me senté con mi esposo en innumerables seminarios de liderazgo de la iglesia. Aunque los encontré de mucho interés, a veces me preguntaba por qué estaba allí. Entendí por qué en lo que el Señor me recordaba todo lo que había aprendido para que pudiera compartirlo con Sus siervos en aquel retiro. Sin que yo lo supiera, Dios me había preparado para Su obra. Mi antiguo pastor tenía razón. Él no llama a los equipados, sino que equipa a los llamados.

Destino México

—Eso es genial —comentó Donnetta Jean.

—Fue una de las experiencias más asombrosas que he vivido, —recalqué—. Nena, todo lo que tienes que hacer es decirle sí al Señor y Él hará el resto. Te pondrá las palabras cuando las necesites. Soy prueba de ello y también lo es la Biblia. Cuando Jesús envió a los discípulos les dijo: ***«... no se preocupen por lo que van a decir o cómo van a decirlo. En ese momento se les dará lo que han de decir, porque no serán ustedes los que hablen, sino que el Espíritu de su Padre hablará por medio de ustedes».*** (Mateo 10.19-20 NVI)

—El Señor ya ha vertido en ti lo que la gente en México necesita. No veo la hora de ver lo que va a hacer a través de ti. Él no quiere nuestra habilidad, sino nuestra disponibilidad.

—¿Supongo que esto significa que piensas que estoy lista para hacer algo así? —preguntó Donnetta.

—¡Te doy un fuerte amén! —Donnetta y yo nos reímos.

Luego pregunté si podía orar por ella por ánimo y fuerzas.

Pasos hacia el éxito: ¿Qué te está pidiendo el Señor que hagas? Dar clases en la escuela dominical, ayudar en la iglesia de jóvenes, ser voluntaria en la oficina de la iglesia, evangelizar a tu vecino, dedicar tiempo a un refugio de indigentes, visitar a hermanos de tu congregación que estén enfermos: la lista no termina. La mies es mucha, mas los obreros pocos. Si estás estancado, habla con el personal pastoral de la iglesia para que te informe sobre trabajos que puedes realizar. Si encuentras que tienes miedo, no permitas que gane Satanás. El Señor nos ha dado dones a cada uno y cuando los usamos para Su reino, descubrimos la experiencia más gratificante que podemos vivir aquí en la tierra.

EPÍLOGO

Elogio: Muffins de chocolate

—¿Qué onda? —saludé a Donnetta cuando ella irrumpió en el consultorio.

—Requete bien —bromeó por su parte.

—Se siente bien, ¿verdad?

—No me aguanto por contarte todo. Tendremos más tiempo porque Charlie está donde su abuela jugando con sus primos de Washington —me dijo—. Solo estarán aquí hoy.

—Él se ha vuelto muy popular —le comenté.

—Estoy contenta de que se lleve muy bien con otros niños. Él es toda una bendición —dijo encomiándolo.

—Oré por ti en lo que estuviste fuera. Quería saber lo que hizo Dios.

—Fue más que increíble. No vas a creer lo qué pasó.

—¿En el campo misionero? Ponme a prueba —le contesté sonriendo.

—Hicimos que se presentara una dama un poquito después de que llegamos. Era obvio que tenía mucho dolor. Había viajado un día y medio con dolor porque se había enterado de que veníamos. El carro que llevaba la medicina no había llegado aún, así que formamos un círculo y oramos que ella no sintiera nada mientras los dentistas la trataban. Fuimos orando uno por uno en el círculo. Esta pobre mujer no podía hablar nuestro idioma, pero con cada oración se calmaba un poquito más. Para el momento en que el último en el círculo terminó de orar, la mujer había pasado de sentir un dolor espantoso a descansar como una bebé. Los dentistas le sacaron la muela, ¡y no dijo ni pío! Linda, si no lo hubiera visto con mis propios ojos, ¡no lo creería! Fueron muchas cosas así las que pasaron en el tiempo que estuvimos allí.

—Dios siempre cumple —declaré.

—¡Sin falta! —comentó, claramente prendida—. Madeline y su esposo Ty lideraron el equipo. Eran la pareja ideal. Siempre estaban ayudándose con detallitos y elogiándose. Ella era excelente con los niños y él tenía grandes habilidades con los adultos de nuestro equipo y en el orfanato. Él dejaba que ella operara en sus especialidades y hasta la encomiaba al respeto enfrente del grupo. Un matrimonio así quisiera tener.

—Te hubieras sentido orgullosa de mí, Linda. Hablé frente a todos.

—¿Qué? —exclamé—. Cuéntame más.

—Muy bien, pero voy a utilizar tu don de alargar una historia corta —bromeó Donnetta y nos reímos. Me encantaba ver su entusiasmo.

—En la reunión justo antes de que partiéramos, Madeline nos dijo que preparáramos un testimonio. Ella quería que tuviéramos tres o cuatro oraciones listas de lo que Dios había hecho en nuestras vidas. La hice a un lado después de la reunión y le dije que no tenía idea de lo que me estaba pidiendo. Ella oró por mí, y en lo que iba a casa escuché el versículo de Mateo una y otra vez en mi cabeza, y supe que Dios me daría las palabras.

Donnetta continuó su historia con deleite.

—Cada tarde teníamos un tiempo de capilla con los niños en el orfanatorio. Cada noche, Ty le pedía a una persona diferente del equipo que diera su testimonio. El jueves por la noche él me pidió que contara mi historia. No podía creer lo serena que estaba, pero sabía que todo el grupo estaba orando por mí. Le dije a los niños cuán lastimada y enojada me sentía porque mi papá no me quería. Él quería tener hijos, no una hija. Así que siempre me sentí rechazada. Pero Jesús se encargó de eso porque Él se volvió mi padre. Nunca es cruel, prometió nunca dejarnos ni abandonarnos, y siempre está disponible en el momento en que lo necesitemos. Hasta recurrí a un verso de Deuteronomio 31.8 ***«El Señor mismo marchará al frente de ti y estará contigo; nunca te dejará ni te abandonará. No temas ni te desanimes».*** (NVI)

—Tienes razón. Me siento tan orgullosa —exclamé.

Esperanza por Angelina

—Había una niña de doce años allí, de nombre Angelina —continuó Donnetta—; ella hablaba muy buen inglés, y me vi dándole gracias a Dios de que presté atención en los dos años en que llevé español en la preparatoria. Después de que compartí mi testimonio, ella pidió hablar conmigo. Abrió su corazón sobre la noche en que su padrastro abusó de ella. Su madre llegó y lo encontró haciéndole daño, perdió los estribos, le disparó y lo mató. «Mi mamá está en la cárcel, mi padre abusador está muerto y yo estoy sola», dijo con lágrimas rodando de sus grandes ojos cafés.

—Tú no estás sola, Angelina, le dije. El Señor está contigo en todo momento. Jesús será tu papá y te sentará en las piernas cuando necesites consuelo, tal como hizo conmigo.

—Luego le conté sobre el Diálogo diario para que pudiera sentirse conectada con Cristo todo el día. Después de que hablamos, ella dejó que Madeline y yo oráramos por ella para que soltara y perdonara a su padrastro. Linda, sé cómo ayudarla debido a mi recuperación.

—Donnetta Jean, estás radiante. ¡Me enternece verte tan realizada! ¡Vaya que brillas amiga! — Ambas nos reímos.

—Nunca he vivido algo tan genial. El saber que algo que dije ayudó a esta niña en problemas fue emocionante. Es increíble sentir que Dios puede usarte.

—Ya lo creo, —afirmé.

Donnetta continuó con entusiasta fervor.

—Sé que regresaré a México. No puedo entregarme tanto en este momento ya que Charlie es mi prioridad, naturalmente. Pero ya veo que me contagié de celo misionero.

—Donnetta, ya probaste lo que se siente al permitirle a Dios fluir a través de ti. Nada nos da más alas que cumplir el propósito para el que fuiste creada: ser utilizada para darle gloria a Dios. Él ahora puede usarte en cualquier lugar. No tienes que estar en México o al otro lado del mundo. Hay Angelinas en tus alrededores, y ya sabes lo que tienes que decirles.

—Y no tengo miedo de hablar con ellas. Mi equipo de misiones era un grupo de verdadero apoyo. Era un lugar seguro para aprender a hablar frente a un grupo. Oraron por mí y me dieron ánimo. Siento como que hice amigos de por vida. Había una señora que viajó con nosotros que se llama Lucille. Antes de tener hijos, fungía de asistente dental así que hablamos bastante de trabajo. Ella se retiró cuando tuvo hijos y ahora son todos adultos excepto por un hijo universitario. Él fue quien la convenció de ir al viaje ya que él salió a un viaje misionero a Costa Rica con su universidad, y le encantó. Lucille dijo que su esposo gana bastante dinero y que realmente quiere utilizarlo para el reino de Dios, así que él la animó a ir también. ¿Quiénes son los hombres que apoyan a las mujeres? —preguntó Donnetta, pensando en voz alta.

Están por allí y debes encontrarlos —comenté.

—¡Gracias a Dios! Por cierto, Lucille y yo hablamos hasta las dos de la madrugada y nos contamos cómo crecimos. Su mamá era drogadicta y alcohólica, y ella experimentó mucho rechazo de su madre tal como yo de mi padre. Ella pasó casi un año en terapia para tratar su dolor también.Lucille me contó que tuvo que alejarse de su mamá para mantener la cordura.

Cuando le dije que había despedido a mi papá, se echó a reír con ganas. Su comentario fue: «No recuerdo haberlo llamado así, pero se parece bastante a lo que hice con mamá. Sobreviví todos estos años al distanciarme de su locura. No pude ser responsable del trabajo que ella hizo como madre, pero todavía era responsable, con la ayuda de Dios, de ser buena hija. Así que le enviaba tarjetas para el Día de la madre, su cumpleaños y para Navidad, con fotos de los niños. Podía solo con eso ya que el caos en la familia me enloquecía. Tenía que hacer la distinción para no perder la cordura. Mi terapeuta me dijo que cuento con escaso ahorro en mi cuenta de cordura, y que mi madre me sale carísima».

—¿Cómo ves lo que la Biblia dice sobre honrar a tu padre y a tu madre? —le pregunté.

—Lucille habló y me abrió los ojos. Le conté cómo necesitaba poner en mi diario los momentos monumentales, para no olvidar las gemas de verdad que me hacen libre. Así que me ayudó con los detalles al escribir. Dijo que me ayudaría a recordar ya que le ayudaba a reflexionar.

Una revelación vivificante

Lucille pasó sus primeros años cuidando de su madre. Ella y su hermano, Stephen, que le llevaba tres años, se hacían cargo de casi todo: la comida, la ropa e incluso cuidaban de sus hermanos menores, Travis y Julie, cuando llegaron.

«El papá de Travis y Julie fue el único hombre al que mi madre amó, y ella se lo contaba a todo mundo, aun si él no le proponía matrimonio. Era obvio para mi hermano y para mí que mi mamá trataba a sus hijos menores de forma muy distinta que a nosotros. Teníamos distinto papá, así que no éramos los hijos escogidos. Mamá le compró a Travis un carro cuando este acababa de cumplir 16 años y lo chocó a los pocos días, y ella fue y le compró otro, el cual también destrozó. Julie nunca supo qué hacer en la vida porque cada vez que hacía un desastre, mi mamá venía con una escoba a barrerlo. Julie era mi única hermana, y en sus inicios era adorable. Me partió el corazón verla arruinarse la vida.

Me fui de casa tan pronto pude. Mi mamá nunca me lo perdonó. Ella pasaba fumando hierba con Julie y escribiéndome cartas diciéndome que era una mala hija. Me llevó tres meses de terapia en darme cuenta de que no podía arreglar eso y otros tres meses entender que yo no era una mala persona.

En el funeral de mi mamá hace tres años, alcancé a ver a Stephen. Es hoy maestro de escuela, y muy guapo y gentil; ama a sus hijos y está activo en su iglesia. Y entonces pude ver a Ted, mi esposo, con nuestros cuatro bellos hijos. Por la gracia de Dios, me casé con un hombre admirable y trabajador, pero que guarda energía para llegar a casa y participar con la familia. Él y yo hemos hecho una gran labor con nuestros hijos.

Entonces vi a Julie en un rincón, muy clavada en la metanfetamina. Ella y mamá siempre se metieron en las drogas fuertes, y creo que eso contribuyó a la muerte temprana de mamá. Travis estaba preso por tenencia de bienes robados.

A un lado del ataúd de mamá, tuve una vívida revelación del Señor. ¿Qué es lo que nosotros como padres queremos más que nada para nuestros hijos? Queremos que lleguen a ser temerosos de Dios, respetuosos de las leyes, ciudadanos contribuyentes que cuidan de sus familias y viven vidas felices y productivas. De hecho, eso nos honraría más que cualquier otra cosa que nuestros hijos adultos pudieran hacer. Me di cuenta en lo que estuve allí, que Stephen y yo habíamos hecho eso. Habíamos traído honra a mamá, pero solo porque mantuvimos distancia de ella. Si nos hubiéramos quedado en casa y continuado la danza disfuncional que mamá quería, como lo hicieron Julie y Travis, eso no hubiera sucedido».

Donnetta cerró su diario. —Linda, creo que Dios trajo a Lucille a mi vida para darme esa información.

—Y yo estoy convencida, opiné, que continuará trayendo personas a tu vida cuando las necesites, porque...

—¡Dios cuida de mí! —interrumpió Donnetta—. Nos carcajeamos.

—Has aprendido mucho y avanzado tanto en tu proceso de sanidad. Ya no eres la endeble cobarde que se sentó en mi sillón hace apenas unos meses. ¿Sientes que eres una persona distinta? —le pregunté, queriendo que reflexionara en todos los cambios que había mostrado recientemente.

Donnetta Jean hizo una pausa para reflexionar, antes de responder: —Siento que por primera en la vida vivo el presente. No me angustio por el pasado ni me preocupo por el futuro. Todo eso está en las manos de Dios. Tengo el hoy y lo atravieso de la mano de Él. Es fácil de hacer porque me agrado ahora. Siento que tengo algo que ofrecer.

—¡Yo digo que sí! —afirmé.

—Linda, necesitaba alejarme de mi papá, así que vine aquí para encontrar la confianza para ganarme la vida. Pero en lugar de ello ¡recibí vida!

—Eso, querida, es profundo, —encomié—. Has adquirido tantas destrezas que necesitas para llevar una vida sana y feliz y aunque no te extiendo un título, esto te doy. —De lo alto de mi archivero, saqué una bandeja con pastelillos de chocolate, con una vela en cada uno.

Al colocarlos frente a ella, le pregunté: —¿Recuerdas la conversación sobre los pasteles de chocolate que tuvimos cuando nos conocimos? Acusaste a Dios de retener los pasteles de chocolate que le pedías, y en lugar de ello darte de calabacita porque esos te hacían bien.

Donnetta sonrió al ponerle uno de los pastelillos en un platito y dárselo: —Pero qué memoria tienes —dijo pensativa—. Tenía una actitud terrible. ¿Cómo pudiste soportarme?

—Porque eres auténtica y resuelta. ¡Lo tienes todo!

Donnetta se puso pensativa: —Linda, gracias por cuidarme cuando ni yo misma era capaz. Más que nada, quiero agradecerte por mostrarme cuánto Dios se preocupa por mí. Eso cambió mi vida.

—Antes de venir aquí, creía que mis heridas emocionales me agobiarían y me tendrían anclada por siempre. Pero ahora siento que ha cambiado mi dolor en baile. ¡Dios me sigue dando pastelillos de chocolate!

Donnetta Jean lucía radiante en lo que estuvimos juntas saboreando pastelillos y maravillándonos de la bondad de Dios.

El plan de Dios para el éxito de Donetta Jean

Como un año después de nuestra última sesión, recibí una invitación por correo para la boda de Donnetta Jean. Iba a casarse con el sobrino de Madeline, un magnífico muchacho con una preciosa hija de ocho años quien adora a Charlie, de acuerdo con lo que escribió Donnetta en la carta. «Encontré un gran esposo, un estupendo papá para Charlie, una encantadora hija, y Ty y Madeline como mi nueva familia. ¡Dios sí que es bueno!».

Pasos hacia el éxito: Haz de la alabanza parte de cada día. Pasa los primeros 15 minutos del día alabando a Dios por Su provisión en tu vida, acompañado de una tacita de café, o en la ducha, o camino al trabajo o en tu receso. Aparta el tiempo. Busca a diario cosas que agregar a tu lista.

De la autora: Quiero agradecerte por acompañarme en este caminar. He orado por ti de que después de pasar cada página, concluyas que eres preciado para un Dios que desea lo mejor para ti. Que sientas Su paz y Su gozo cuando aceptes todo lo Él tiene para tu vida. Me encantaría conectarme contigo.

Puedes encontrarme en cualquiera de las siguientes plataformas:

https://www.lindanewtonspeaks.com

https://www.facebook.com/answersfrommomanddad

https://www.youtube.com/user/answersfrommomanddad